"国家中等职业教育改革发展示范学校建设计划"项目教材

中等职业教育"十三五"规划教材 · 国际贸易系列

国际货运代理综合实训

主编／宋彦安 谢富敏

副主编／陈世芬

参编／师向丽 吴小燕

主审／谢丽芳 袁洁颖

U0753930

立信会计 出版社

LIXIN ACCOUNTING PUBLISHING HOUSE

图书在版编目(CIP)数据

国际货运代理综合实训/宋彦安,谢富敏主编. —上海:立信会计出版社,2015.7
ISBN 978-7-5429-4707-9

Ⅰ.①国… Ⅱ.①宋… ②谢… Ⅲ.①国际货运-货运代理-教材 Ⅳ.①F511.41

中国版本图书馆 CIP 数据核字(2015)第 225093 号

策划编辑	陈 瑶
责任编辑	陈 旻
封面设计	周崇文

国际货运代理综合实训

出版发行	立信会计出版社		
地　　址	上海市中山西路 2230 号	邮政编码	200235
电　　话	(021)64411389	传　　真	(021)64411325
网　　址	www.lixinaph.com	电子邮箱	lxaph@sh163.net
网上书店	www.shlx.net	电　　话	(021)64411071
经　　销	各地新华书店		
印　　刷	常熟市梅李印刷有限公司		
开　　本	787 毫米×1 092 毫米	1/16	
印　　张	10.5		
字　　数	256 千字		
版　　次	2015 年 7 月第 1 版		
印　　次	2015 年 7 月第 1 次		
印　　数	1—3 100		
书　　号	ISBN 978-7-5429-4707-9/F		
定　　价	23.00 元		

前　　言

国际商务是运用现代科学技术,通过优化和整合对外贸易活动全过程实现其科学化、系统化,从而获得最大效率和效益的复合型服务产业。我们希望通过实践教学,为社会培养出在生产、服务第一线能从事操作性工作,具有职业生涯发展基础的中等应用型国际商务技能人才。这是中等专业学校职业教育的重要环节,也是提高学生社会职业素养和就业竞争力的重要途径,所以,提高职业教育质量的关键是抓好技能实训和实践环节。

《国际货运代理综合实训》以我国国际货运代理的实际业务为背景,以国际货运代理业务活动为主线,依据国际货运代理综合实训课程标准编写而成。本书内容分四个模块、九个项目,涉及集装箱整箱出口海运代理业务操作、集装箱拼箱出口海运代理业务操作、空运出口运输代理业务操作和进口运输代理业务操作等模块。

本书汇集了作者通过一线递进式教学实践积累的部分典型案例,是一本理实一体化的项目实训教材,便于做中学,做中教,可供中职学校国际商务专业学生在国际货运代理实训过程中使用。

教学改革是教育系统实施素质教育的重大举措之一,教学改革的核心是课程教材改革。本书力争反映国际货运代理实践、反映国际货运代理学科实训教学改革的成果。由于编写时间仓促,经验不足,书中不足之处在所难免,恳请使用单位和个人提出宝贵的意见和建议。

宋彦安

2015 年 9 月

目　　录

模块一

集装箱整箱出口海运代理业务操作

项目1 CIF男士纯棉衬衣整箱出口海运代理业务操作

一、实训目标

1. 会依据运价表计算整箱运费
2. 会缮制集装箱托运单,并办理订舱业务
3. 能够审核设备交接单,并办理提取空箱业务
4. 会缮制集装箱装箱单,并办理装箱业务
5. 能够办理货物集港业务过程中各种单据的交接
6. 能够缮制报关单,并完成代理报关业务
7. 能够审核提单,并办理付费取单业务
8. 能够进行费用科目的核算

二、背景资料

上海盛达进出口有限公司(简称"盛达公司")有一批男式T恤出口到日本神户,想委托百通货代公司办理海上运输等事宜,最晚2007年7月26日装船,盛达公司向百通货代公司提供了一份货运委托书、代理报关委托书、商业发票、出口收汇核销单(见表1-1至表1-4),请百通货代公司代理运输及报关,保险由盛达公司自行办理。

1. 盛达公司货运委托书

表1-1 　　　　　　　　　　　　盛达公司货运委托书

经营单位 (托运人)	SHANGHAI SHENGDA IMP. & EXP. TRADE CO., LTD. NO. 668 ZHONGSHAN RD. MINHANGDISTRICT SHANGHAI CHINA; TEL(86)21-16584887　FAX(86)21-16584568					百　通 编　号	JF0388811
提单 B/L 项目 要求	发货人(Shipper): SHANGHAI SHENGDA IMP. & EXP. TRADE CO., LTD. NO. 668 ZHONGSHAN RD. MINHANG DISTRICT SHANGHAI CHINA TEL(86)21-16584887　FAX(86)21-16584568						
	收货人(Consignee): MATUSUDA IMPORT & EXPORT CO., LTD. 2488, EDO-MACHI, CHUO-KU　KOBE JAPAN						
	通知人(Notify Party): THE SAME AS CONSIGNEE						
洋运费(√) Sea freight	预付(√)或( )到付 Prepaid or Collect		提单 份数	3	提单寄 送地址	MATUSUDA IMPORT & EXPORT CO., LTD. 2488, EDO-MACHI, CHUO-KU KOBE JAPAN	
起运港	SHANGHAI	目的港	KOBE	可否转船	可	可否分批	可
集装箱预配数		20'× 40'×1	装运期限	2007.07.26	有效期限		2007.08.08

（续表）

标记唛码	包装件数	中英文货号 Description of goods	毛重（千克）	尺码（立方米）	成交条件（总货价）
MATUSUDA JSHA034 KOBE C/NO. 1-488	488 CTNS	100%全棉男衬衣 100% COTTON MAN'S SHIRT	6 588	58.56	CIF KOBE
			特种货物 □冷藏货 □危险品	重　件：每件重量 □　大　　件 （长×宽×高）	
内装箱（CFS）地址			特种集装箱：（　　）		
			物资备妥日期	2007 年 03 月 10 日	
			物资进栈：	自送（√）或金发派送（　）	
门对门装箱地址	中山北路 8888 号的仓库 电话：6820682×215		人民币结算单位账号	SZR70066686	
			托运人签章：		
外币结算账号	THY5584321337		SHENGDA IMP. & EXP. CO., LTD 上海盛达进出口有限公司		
			电　话　(86)21-16584887		
声明事项			联系人　李青云		
			地址：NO. 668 ZHONGSHAN RD. ANGDISTRICT SHANGHAI CHINA		
			制 单 日 期：2007 年 07 月 16 日		

2. 代理报关委托书

表 1-2　　　　　　　　　　　　代理报关委托书

编号：2200004510976

　　我单位现（A. 逐票　B. 长期）委托贵公司代理（A. 报关查验　B. 垫缴税款　C. 办理海关证明联　D. 审批手册　E. 核销手册　F. 申办减免税手续　G. 其他）等通关事宜，详见《委托报关协议》。我单位保证遵守《海关法》和国家有关法规，保证所提供的情况真实、完整、单货相符。否则，愿承担相关法律责任。

　　本委托书有效期自签字之日起至 2007 年 7 月 26 日止。

委托方（签章）：SHANGHAI SHENGDA IMP. AND EXP. TRADE CO., LTD.

法定代表或其授权签署《代理报关委托书》（签字）　海　波

2007 年 07 月 16 日

委托报关协议

　　为明确委托报关具体事项和各自责任，双方经平等协议商定协议如下：

（续表）

委托方	上海盛达进出口有限公司
主要货物名称	100％全棉男衬衣
H. S. 编码	6103.32
进出口日期	2007 年 07 月 25 日
提单号	HJSHBI 142939
贸易方式	一般贸易
原产地/货源地	上海
传真号码	65785678

其他要求：

背面所列通用条款是本协议不可分割的一部分，对本协议的签署构成了对背面条款的同意。

委托方业务签章：
上海盛达进出口有限公司
SHENGDA IMP. AND EXP. TRADE CO. , LTD.
王海波

经办人签章：2007 年 07 月 16 日
联系电话：65785678

被委托人	百通货代公司
＊报关单编号	NO.
收到单证日期	2007 年 07 月 16 日

收到单证情况	合同☑	发票☑
	装箱清单☑	提(运)单☐
	加工贸易手册☐	许可证件☐
	其他	

报关收费	人民币：80 元

承诺说明：

背面所列通用条款是本协议不可分割的一部分，对本协议的签署构成了对背面条款的同意。

被委托方业务签章：
百通货代公司

经办报关员签章：王路杰
联系电话：56987452

（白联：海关留存、黄联：被委托方留存、红联：委托方留存）　　中国报关协会

3. 发票

表 1-3

上海盛达进出口有限公司
SHANGHAI SHENGDA IMPORT AND EXPORT TRADE CO. ,LTD.
NO. 668 ZHONGSHAN RD. MINHANG DISTRICT SHANGHAI CHINA
TEL(86)21-16584887　FAX(86)21-16584568
COMMERCIAL INVOICE

Messrs：
MATUSUDA IMPORT & EXPORT CO. , LTD.
2488,EDO-MACHI,CHUO-KU KOBE JAPAN

INVOICE NO. ：　08277201
DATE：　　　　JULY 16,2007
S/C NO. ：　　JSHA034
L/C NO. ：　　LGU-0075

FROM：　　SHANGHAI PORT　　　TO：　KOBE PORT

MARKS & NO.	DESCRIPTIONS OF GOODS	QUANTITY (DOZ)	UNIT PRICE (USD)	AMOUNT (USD)
	100% COTTON MAN'S SHIRT		CIF KOBE	
MATUSUDA	ART NO.			
JSHA034	124S38	800 DOZS	USD 30. 00/DOZ	USD 24 000. 00
KOBE	124S40	840 DOZS	USD 30. 00/DOZ	USD 25 200. 00
C/NO. 1-488	124S42	800 DOZS	USD 30. 00/DOZ	USD 24 000. 00
	TOTAL：	2440 DOZS		USD 73 200. 00

TOTAL AMOUNT：SAY US DOLLARS SEVENTY THREE THOUSAND TWO HUNDRED ONLY.

4. 出口收汇核销单

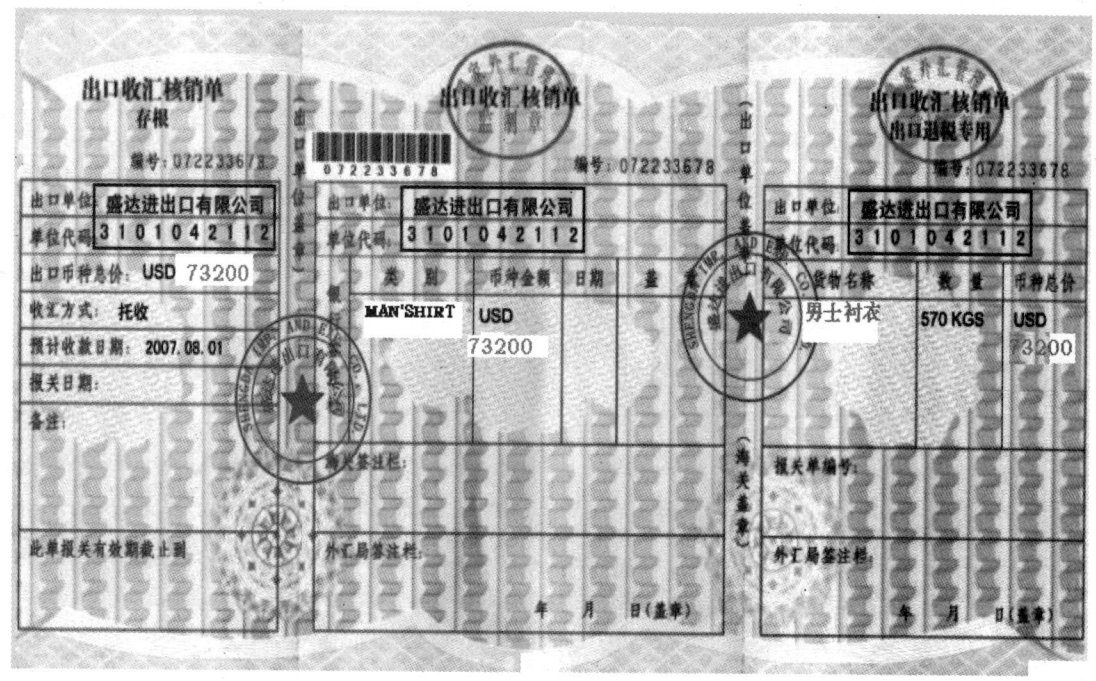

三、项目实施

任务一 揽货接单

任务描述 接到货运委托信息后,根据货主要求,查询是否有合适船期,并根据货物信息计算代理运输产生的所有费用,向货主报价,请求货主确认报价。

操作步骤

(1) 依据货物出运时间,查阅船期。

(2) 委托书内容选择箱型、箱量。

(3) 计算运费。

(4) 请求货主确认报价。

任务二 订舱

任务描述 货主认可报价后,向选择的船公司进行网上预订舱,取得配舱回执后,缮制集装箱托运单,确认订舱。

操作步骤

(1) 缮制网上预订舱单,如表1-5所示。

表 1-5　　　　　　　　　　　　　　网上预订舱单

宁波九龙物流有限公司
JIULONG LOGISTICS CO.,LTD.

首页　公司简介　服务范畴　代理网络　在线服务　服务咨询　联系我们

电子订舱

货物出口请填写下表:

处理人 公司

他

注:请填写由谁来处理您的询价需求,如果您有通过其 方式联系过,或不知道和谁联系可不填。

以下是托运单的详细内容:

To

BOOKING NO

SHIPPER

CONSIGNEE

宁波九龙物流有限公司
JIULONG LOGISTICS CO.,LTD.

订舱单

NOTIFY PARTY

宁波九龙物流有限公司
Tel: 86-574-87199888
Fax: 86-574-87191988
Email: Jiulong@mail.nbptt.zj.cn

PORT OF LOADING

PORT OF DISCHARGE

CONTAINER TYPE

☐ X20'　☐ X40'　☐ X40HQ　☐ OTHER

PLACE OF DELIVERY

BILL OF LADING

○ OCEAN BILL　○ HOUSE BILL　○ TELEX

DELIVERY TYPE

您可以进行

船期查询

运价查询

电子订舱

货物追踪

务查询

进入部门

出口部
Export

进口部
Import

(2)缮制集装箱托运单,如表 1-6 所示。

表 1-6 集装箱托运单

Shipper (发货人)	B/L No. (编号) 中国对外贸易运输总公司 装货单
Consignee (收货人)	
Notify Party(通知人)	Received by the Carrier the Total number of containers or other packages or units stated below to be transported subject to the terms and conditions of the Carrier's regular form of Bill of Lading (for Combined Transport or Port to Port shipment) which shall be deemed to be incorporated herein. Date (日期)：
Pre-carriage by(前程运输) Place of Receipt(收货地点)	
Ocean Vessel(船名) Voy. No.(航次) Port of Loading(装货港)	
Port of Discharge(卸货港) Place of Delivery(交货地点)	Final Destination for the Merchant's Reference(目的地)

Container No. (集装箱号)	Seal No. (封志号) Marks & Nos. (标记与号码)	No. of containers or p'kgs. (箱数或件数)	King of Package： Description of Goods (包装种类与货名)	Gross Weight 毛重(千克)	Measurement 尺码(立方米)

| TOTAL NUMBER OFCONTAINERS OR PACKAGES (IN WORDS) 集装箱数或件数合计(大写) | |

FREIGHT & CHARGES (运费与附加费)	Revenue Tons (运费吨)	Rate (运费率)	Per (每)	Prepaid (运费预付)	Collect (到付)
EX. Rate(兑换率)	Prepaid at(预付地点)		Payable at(到付地点)	Place of Issue(签发地点)	
	Total Prepaid(预付总额)		No. of Original B(s)/L (正本提单份数)		

Service Type on Receiving ☐—CY ☐—CFS ☐—DOOR	Service Type on Delivery ☐—CY ☐—CFS ☐—DOOR	Reefer Temperature Required(冷藏温度)	℉	℃

| TYPE OF GOODS (种类) | ☑Ordinary. (普通) | ☐Reefer. (冷藏) | ☐Dangerous. (危险) | ☐Auto. (裸装车辆) | 危险品 | Class: Property: IMDG Code Page： UN No. |
| | ☐Liquid. (液体) | ☐Live Animal. (活动物) | ☐Bulk. (散货) | ☐ | | |

可否转船：可	可否分批：可
装 期：	效 期：
金 额：	
制单日期：	

（3）在联单的第_____联敲船务公司的章表示订舱确认。

任务三　提取空箱

任务描述　当完成订舱后，货代安排运输部门（或外委物流公司）领取设备交接单及铅封，并提取空箱。

操作步骤

（1）领取集装箱设备交接单并审核，请找出集装箱设备交接单中的填写错误，如表1-7所示。

表 1-7　　　　　　集装箱设备交接单　　　　　　OUT　出场
EQUIPMENT INTERCHANGE RECEIPT

用箱人/运箱人（CONTAINER USER/HAULIER）	提箱地点（PLACE OF DELIVERY）
提单号（B/L NO.）	上海华星集装箱公司（逸仙路250号） 返回/收箱地点（PLACE OF RETURN）
HJSHBI 142939	外高桥码头（杨高北一路88号）

船名/航次 (VESSEL/VOYGE NO.) NANJIN V. 880	集装箱号 (CONTAINER NO.) CATU0506119	尺寸/类型 (SIZE/TYPE) 20/GP	运营人 (CNTR. OPTS)
发往地点 (DELIVERED TO)	铅封号 (SEAL NO.)	免费期限 (FREE TIME PERIOD)	运载工具编号 (TRUCK WAOON. BAFSE NO.)
		10 天	

出场目的/状态 (PPS OF GATE-OUT/STATUS) 装箱/空箱	进场目的/状态 (PPS OF GATE-IN/STATUS)	出场日期 (TIME OUT)	进场日期 (TIME IN) 月 日 时/ 月 日 时

出场检查记录（INSPECTION AT THE TIME OF INTERCHANGE）

普通集装箱 (GP CONTAINER)	冷藏集装箱 (RF CONTAINER)	特种集装箱 (SPECIAL CONTAINER)	发电机 (GEN SET)
□正常(SOUND) □异常(DEFECTIVE)	□正常(SOUND) □异常(DEFECTIVE)	□正常(SOUND) □异常(DEFECTIVE)	□正常(SOUND) □异常(DEFECTIVE)

损坏记录及代号（DAMAGE & CODE）　BR 破损（BROKEN）　D 凹损（BROKEN）　M 丢失（MISSING）　DR 污箱（DIRTY）　DL 危标（DG LABE）

左侧 (LEFT SIDE)　右侧 (RIGHT SIDE)　前部 (FRONT SIDE)　集装箱内部 (CONTAINER INSIDE)

顶部 (TOP)　底部 (FLOOR BASE)　箱门 (REAR)　如有异状，请注明程度及尺寸 (REMARK)

（2）凭设备交接单提取空箱。

_____到_____递交设备交接单_____可以提取空箱；空箱检查完毕_____和_____在设备交接单的_____签字。

任务四　装箱进港

任务描述　司机提取空箱后，凭借货代公司填制的装箱计划进行装箱，并将重箱送到码头堆场。

操作步骤

（1）货代填写装箱计划给运输部门（物流公司）。本票货物为门到门，货代公司要填制门到门装箱计划给物流公司，物流公司要及时到货主仓库装货。门到门装箱计划单，如表1-8所示。

表1-8　　　　　　　　　　　门到门装箱计划单

TO： FROM：上海××××××/admin Tel ×××××××× Fax ××××××××
配载船名：　　　　　　　　　　　　　　航次：
提单号：　　　　　　　　　　　　　　　开船日期：
箱量：　　　　　　　　　　　　　　　　目的港：
中转港：见设备交接单
货物品名：
重量：　　　　体积：　　　　　　件数：
请于　　　　　　　　至以下地点装箱
公司名称：上海××××××××××××有限公司
门点地点：

（2）物流公司的司机凭装箱计划书及S/O到货主仓库装箱，仓库理货人员持S/O和司机进行沟通，并核对_____、_____，以保证货物安全装箱。

（3）请以装箱仓库的工作人员身份开具一式五联的集装箱装箱单，如表1-9所示。

表1-9

Reefer Temperature Required 冷藏温度 ℃ ℉				CONTAINER LOAD PLAN 装箱单			CHINA MARINE SHIPPING AGENCY SHANGHAI COMPANY 上海中外运船务代理有限公司 (2) Shipping Agent's Copy 船代联
class 等级	latent rules page 危规 页码	UN. NO. 联合国 编号	Flash point 闪点				
Ship's Name/Voy No. 船名/航次				Port of Loading 装港	Port of Discharge 卸港	Place of Delivery 交货地	SHIPPER'S/PACKER'S DECLARATIONS：We hereby declare that the container has been thoroughly cleaned without any evidence of cargoes of previous shipment prior to vanning and cargoes has been properly stuffed and secured

(续表)

Container No. 箱号		Bill of Lading No. 提单号	Packages & Packing 件数与包装	Gross Weight 毛重	Measurements 尺码	Descnotion of Goods 货名	Marks & Numbers 唛头
Seal No. 封号		Front 前					
Cont. Size 箱型 20' 40' 45'	Cont. type. 箱类 GP=普通箱 TK=油罐箱 RF=冷藏箱 PF=平板箱 OT=开顶箱 HC=高箱 FR=框架箱 HT=挂衣箱						
ISO Code For Container Size/Type 箱型/箱类 ISO 标准代码							
Packer's Name/Address 装箱人名称/地址							
TEL NO. 电话号码		Door 门					
Packing Date　装箱日期		Received By Drayman 驾驶员签收及车号	Total Packages 总件数	Total Cargo Wt 总货重	Total Meas 总尺码	Remarks：备注	
Packed BY　装箱人签名		Received By Terminals/Date Of Receipt 码头收箱签收和收箱日期		Cont. Tare Wt 集装箱皮重	Cgo/Cont Total Wt 货/箱总重量		

（4）_____ 和 _____ 在装箱单上签字。

（5）司机要核对集装箱号、封号是否与 _____ 填写一致。如果一致，封上封志。

（6）检验 _____ 是否锁牢。

（7）重箱进港交接单据：

a. 司机持 _____ 单据和 _____ 单据进入港口。

b. 道口工作人员检查 _____ 并在设备交接单 _____ 上签字确认。

c. 重箱驶入码头指定位置，司机将装箱单交给收箱员，收箱员在装箱单上签字，留下装箱单 _____、_____、_____，返回给司机 _____ 和 _____。

d. 司机不仅要递交装箱单联单，还需递交 _____ 联单，堆场工作人员留下 _____ 联单和 _____ 联单，将 _____ 联返回给货代公司。

任务五　代理报关

任务描述　从货主委托信息看,货主要求货代代理报关。因此,货物集港后就可以报关了,请缮制出口货物报关单,并带齐报关所需单据,到现场报关。

操作步骤

(1) 电子预录入出口货物报关单,如表1-10所示。

表1-10　　　　　　中华人民共和国海关出口货物报关单

预录入编号：　　　　　　　　　　　　　　　　　　　　　　海关编号：

出口口岸		备案号		出口日期		申报日期	
经营单位		运输方式	运输工具名称		提运单号		
发货单位		贸易方式		征免性质		结汇方式	
许可证号		运抵国(地区)		指运港		境内货源地	
批准文号		成交方式	运费		保费		杂费
合同协议号		件数		包装种类	毛重(千克)		净重(千克)
集装箱号		随附单据			生产厂家		
标记唛码及备注							

项号	商品编号	商品名称、规格型号	数量及单位	最终目的国(地区)	单价	总价	币制	征免

税费征收情况

录入员　　录入单位	兹声明以上申报无讹并承担法律责任	海关审单批注及放行日期(签章)	
报关员	申报单位(签章)	审单	审价
单位地址		征税	~~上海吴淞海关验讫章~~
邮编　　电话　　填制日期		查验	放行

（2）备齐报关所需单据（请写出具体单据名称）。

a. _____。

b. _____。

c. _____。

d. _____。

e. _____。

f. _____。

（3）现场报关。

a. 报关员在_____签字，携带_____单据到现场报关。

b. 海关在_____、_____和_____单据上签字盖章。

c. 报关员将_____单据交给货代员。

任务六　缴费换单

任务描述　货物出运后，货代员进行提单确认，代缴各种费用，取回提单。

操作步骤

（1）装船前，递交单据。通关后，货代员将八联单中的_____、_____、_____交给_____，集装箱堆场留下_____、_____，留下用作结算费用，_____交给堆场理货员，并在盖场站章退还给货代。

（2）货物装船后，船公司开具提单确认书，货代公司确认提单内容，货代公司也要给货主开具提单确认书，请货主确认，请你以货代员的身份填制货代确认书。

（3）缴清费用。货代员向船代缴清海运费____美元、订舱费____元人民币、单证费____元人民币。

（4）换取提单并审核，如表 1-11 所示。

表 1-11　　　　　　　　　　提单确认通知书

TO：
发件时间：

发货人：Shipper	B/L NO 提单号：		
	选择提单是否电放：	☐ 电放	☐ 正本
	客户编号：		
	我司编号：		
收货人：Consignee	发件人：	汪阳　021-53886611 * 615	
	提单类型：	海洋提单	
通知人：Notify Party	备注 Note：		
Vessel Voyage： 船名航次：	Port of Loading： 起运港：		
Port of Discharge： 卸货港：	Final Destination： 目的港：		

（续表）

标记及号码 Mark & numbers	件数 Pkgs	中英文货名 Description of goods (In Chinese & English)	毛重 G. W. (kgs)	体积(立方米) Dimensions

费用确认：	USD抬头：		RMB抬头：	

Shipper SHANGHAI SHENGDA IMP. AND EXP. TRADE CO. , LTD. NO. 668 ZHONGSHAN RD. MINHANG DISTRICT SHANGHAI CHINA TEL(86)21-16584887;FAX(86)21-16584568		B/L No. HJSHBI 142939 **中国外运上海公司** **SINOTRANS SHANGHAI COMPANY** **OCEAN BILL OF LADING**
Consignee or order MATUSUDA IMPORT & EXPORT CO. , LTD. 2488, EDO-MACHI,CHUO-KU　KOBE JAPAN		SHIPPED on board in apparent good order and condition (unless otherwise indicated) the goods or packages specified herein and to be discharged at the mentioned port of discharge or as near there to as the vessel may safely get and be always afloat.
Notify address SAME AS CONSIGNEE		The weight measure marks and umbers quality contents and value being particulars furnished by the Shipper are not checked by the Carrier on loading.
Pre-carriage by·	Port of loading SHANGHAI CHINA	The Shipper Consignee and the Holder of the Bill of Lading hereby expressly accept and agree to all prmted, written or stamped provisions exceptions and conditions of this Bill of Lading including those on the back hereof.
Vessel NANJIN V. 880	Port of transshipment	
Port of discharge	Final destination KOBE JAPAN	IN WITNESS where of the number of original Bills of Lading stated below have been signed , one of which being accomplished ,the other(s) to be void.
Container seal No. or marks and Nos. MATUSUDA JSHA034 KOBE C/NO. 1-488	Number and kind of packages Description of goods 100% COTTONMAN'S SHIRT PACKED IN FOUR HUNDRED AND EIGHTY EIGHT(488)ONLY.	Gross weight (kgs) 6 588　　Measurement(M^3) 58. 56

Freight and charges	REGARDING TRANSHIPMENT INFORMATION PLEASE CONTACT	
Ex. rate	Prepaid at	Freight payable at SHANGHAI	Place and date of issue SHANGHAI
	Total Prepaid	Number of original Bs/L THREE	Signed for or on behalf of the Master wumin As　Agent

任务七　结算递单

任务描述　货代取回提单后，与货主结清费用，在信用证有效期之内传递提单。

操作步骤

（1）根据报价和船公司港杂费账单制作费用账单提供给客户，确认并付费。费用结算单，如表1-12所示。

表1-12　　　　　　　　　**百通货代公司**

SHANGHAI SIRIUS INTERNATIONAL LOGISTICS CO., LTD.

费用结算单

我司编号：BT2010.0613　　　　　　　　客户编号：BT2010.0613

客户名称：　　　　　　　　　　　　　　预付/到付：

订舱方：　　　　　　　　　　　　　　　船公司：

卸（装）港　　　　　　　　　　　　　　代理：

船名航次：　　　　　　　　　　　　　　提单号：

开船日：　　　　　　　　　　　　　　　箱型箱量：

委托件数：　　　　　　　　　　　　　　品名：

委托体积：　　　　　　　　　　　　　　委托毛重量：

费用项目	应付金额	付款单位	费用项目	应收金额	收款单位	备注
燃油附加费			单证费			
货币贬值附加费			内陆运输费用			
			订舱费			
			报关费			
			码头操作费			
USD应付合计		USD应收合计		USD毛利		总毛利
RMB应付合计		RMB应收合计	1 900 RMB	RMB毛利		

OP：　　　　　　　DATA

Created by KTSOFT，www.ktcargo.com，TEL

（2）结费发放提单。分别开具人民币和美元发票，和货主缴清费用，在_____日期之前给货主传递提单。

四、项目完成效果评价

项目1：过程性评价考核评分表（指导教师用），如表1-13所示。

表 1-13　　　　　**项目 1：过程性评价考核评分表（指导教师用）**

姓名		班级		学号	
评价指标	考核项目	考核内容与标准		权重分值	得分
	1. 组织纪律性	遵守实训纪律，不迟到早退缺席，服从指导教师的安排		5	
	2. 工作的积极性、主动性和责任感	工作积极、主动、任劳任怨，有很强的责任感		5	
	3. 专业知识与技能的掌握情况	揽货接单		15	
		订舱		15	
		提取空箱		10	
		装箱集港		15	
		代理报关		10	
		缴费换单		10	
		结算传递单据		15	
		总分：		100	

指导教师评语：

指导教师签字：

年　　月　　日

项目 2　CFR 绿茶整箱出口海运代理业务操作

一、实训目标

1. 会依据运价表计算整箱运费
2. 会缮制集装箱托运单,并办理订舱业务
3. 能够审核设备交接单,并办理提取空箱业务
4. 会缮制集装箱装箱单,并办理装箱业务
5. 能够办理货物集港业务过程中各种单据的交接
6. 能够缮制报关单,并完成代理报关业务
7. 能够审核提单,并办理付费取单业务
8. 能够进行费用科目的核算

二、背景资料

上海盛达进出口有限公司有一批绿茶要出口到美国,要求货物在 2010 年 6 月 22 日装船,盛达公司请百通货代公司进行运费核算,并递交发票、货运委托书等单据,请你以货代员的身份完成该笔业务,该票货物在货代指定仓库装箱。提供单据,表 2-1 至表 2-3 所示。

1. 发票

表 2-1

上海盛达进出口有限公司
SHANGHAI SHENGDA IMP. & EXP. TRADE CO., LTD.
NO. 668 ZHONGSHAN RD. MINHANG DISTRICT SHANGHAI CHINA
TEL(86)21-16584887　　FAX(86)21-16584568
COMMERCIAL INVOICE

Messrs:
SHENGSHENG TRADING CORP.
205 BOX HUSTON U. S. A.

INVOICE NO.: 00158201
DATE: JUNE 02, 2010
S/C NO.: JSHA034
L/C NO.: SD123

FROM:　　SHANGHAI PORT　　　　TO:　　HUSTON PORT

MARKS & NO	DESCRIPTIONS OF GOODS	QUANTITY	UNIT PRICE	AMOUNT
S. T. C. USH012 HUSTON C/NO. 1-45	CHINESE GREEN TEA AS PER S/C NO. JSHA034 ART NO. A0108 ART NO. B0208 ART NO. C0308 PACKED IN 45 CARTONS	200 KGS 250 KGS 120 KGS	CFR HUSTON USD 80.00/KGS USD 76.00/KGS USD 70.00/KGS	USD 16 000.00 USD 19 000.00 USD 8 400.00
	TOTAL:	570 KGS		USD 43 400.00

TOTAL AMOUNT: SAY US DOLLARS FORTY THREE THOUSAND FOUR HUNDRED ONLY.

WE HEREBY CERTIFY THAT THE CONTENTS OF INVOICE HEREIN ARE TRUE AND CORRECT.

上海盛达进出口有限公司

SHANGHAI SHENGDA IMP. AND EXP. TRADE CO., LTD.

王 海 波

2. 报关委托书

表 2-2　　　　　　　　　　　　　　　代理报关委托书

编号：2200004510976

我单位现（A. 逐票　B. 长期）委托贵公司代理通关事宜（A. 报关查验　B. 垫缴税款　C. 办理海关证明联　D. 审批手册　E. 核销手册　F. 申办减免税手续　G. 其他），详见《委托报关协议》。

我单位保证遵守《海关法》和国家有关法规，保证所提供的情况真实、完整、单货相符。否则，愿承担相关法律责任。

本委托书有效期自签字之日起至 2010 年 06 月 25 日止。

上海盛达进出口有限公司

委托方（签章）：SHANGHAI SHENGDA IMP. AND EXP. TRADE CO., LTD.

法定代表或其授权签署《代理报关委托书》的人（签字）　王 海 波

2010 年 06 月 04 日

委托报关协议

为明确委托报关具体事项和各自责任，双方经平等协议商定协议如下：

委托方	上海盛达进出口有限公司	被委托人	上海吉顺报关行
主要货物名称	中国绿茶	*报关单编号	NO. SH0328446
H.S.编码	0902.1090	收到单证日期	2010 年 06 月 06 日
进出口日期	2010 年 06 月 12 日	收到单证情况	合同☑ 装箱清单☑ 提（运）单☑ 加工贸易手册☐ 许可证件☑ 其他 核销单✓
提单号			
贸易方式	一般贸易		
原产地/货源地	上海	报关收费	人民币：80 元
传真号码	65785678		
其他要求：		承诺说明：	
背面所列通用条款是本协议不可分割的一部分，对本协议的签署构成了对背面条款的同意。		背面所列通用条款是本协议不可分割的一部分，对本协议的签署构成了对背面条款的同意。	
委托方业务签章： 上海盛达进出口有限公司 SHANGHAI SHENGDA IMP. AND EXP. TRADE CO. LTD. 王海波 经办人签章：2010 年 06 月 04 日 联系电话：65785678		被委托方业务签章： 上海吉顺报关行 经办报关员签章：王路杰 联系电话：56987452	

（白联：海关留存、黄联：被委托方留存、红联：委托方留存）　　中国报关协会

表 2-3　　　　　　　　　　　百通海运货运委托书

经营单位 （托运人）	上海盛达进出口有限公司 上海市闵行区中山路 668 号					百通 编号	BT094534
提单 B/L 项目 要求	发货人：SHANGHAI SHENGDA IMP. AND EXP. TRADE CO.，LTD. Shipper：NO. 668 ZHONGSHAN RD. MINHANG DISTRICT SHANGHAI CHINA						
	收货人： Consignee：TO ORDER OF SHIPPER						
	通知人：SHENGSHENG TRADE CORP. Notify Party：205 BOX HUSTON U. S. A						
海洋运费（√） Sea freight	预付（√）或（ ）到付 Prepaid or Collect		提单 份数	3	提单寄 送地址	上海市闵行区中山路 668 号	
起运港	SHANGHAI	目的港	HUSTON	可否转船	不可	可否分批	不可
集装箱预配数		20'×　40'×		装运期限	20100628	L/C 效期	20100630
标记唛码	包装 件数	中英文货号 Description of goods		毛重 （千克）	尺码 （立方米）	成交条件 （总货价）	
S. T. C. USH012 HUSTON C/NO. 1-45	45 纸箱	中国绿茶 CHINESE GREEN TEA		615KGS	24 CBM	CFR USD 43400.00	
				特种货物	重　件：每件重量		
				□冷藏货 □危险品	大　件 （长×宽×高）		
内装箱 （CFS）地址	上海逸仙路 2960 号三号门 电话：68888888×288						
门对门装箱地址	上海盛达进出口 有限公司			特种集装箱：（　　　　　）			
				物资备妥日期	2010 年 06 月 06 日		
外币结算账号	THY1234567890			物资进栈：自送（ ）或百通派送（√）			
				人民币结算单位账号	SZR88866699		
声明事项 "FREIGHT PREPAID"				托运人签章			
				电话	21-16584887		
				传真	21-16584568		
				联系人	孙灵		
				地址	上海三门路 666 号		
				制单日期：2010 年 06 月 05 日			

三、项目实施

任务一　揽货接单

任务描述　接到货运委托信息后,根据货主要求,查询是否有合适船期,根据货物信息计算代理运输产生的所有费用,并向货主报价,请求货主确认报价。

操作步骤

(1) 依据货物出运时间,查阅船期。

(2) 委托书内容选择箱型、箱量。

(3) 估算运费。

(4) 请求货主确认报价。

任务二　订舱

任务描述　货主认可报价后,向选择的船公司进行网上预订舱,取得配舱回执后,缮制集装箱托运单,确认订舱。

操作步骤

(1) 缮制网上预订舱单,如表 2-4 所示。

表 2-4　　　　　　　　　　　　网上预订舱单

（2）缮制集装箱托运单，如表 2-5 所示。

表 2-5　　　　　　　　　　　　集装箱托运单

Shipper（发货人）	B/L　No.（编号）
Consignee（收货人）	**中国对外贸易运输总公司** 装　货　单
Notify Party（通知人）	Received by the Carrier the Total number of containers or other packages or units stated below to be transported subject to the terms and conditions of the Carrier's regular form of Bill of Lading (for Combined Transport or Port to Port Shipment) which shall be deemed to be incorporated herein. Date（日期）：　　　　　第五联
Pre-carriage by（前程运输）　　Place of Receipt（收货地点）	
Ocean Vessel（船名）　Voy. No.（航次）　　Port of Loading（装货港）	

Port of Discharge（卸货港）　　Place of Delivery（交货地点）	Final Destination for the Merchant's Reference（目的地）

Container No.（集装箱号）	Seal No.（封志号）Marks & Nos.（标记与号码）	No of containers or p'kgs.（箱数或件数）	King of Package：Description of Goods（包装种类与货名）	Gross Weight 毛重（千克）	Measurement 尺码（立方米）
TOTAL NUMBER OFCONTAINERS OR PACKAGES (IN WORDS) 集装箱数或件数合计（大写）					

FREIGHT & CHARGES（运费与附加费）	Revenue Tons（运费吨）	Rate（运费率）	Per（每）	Prepaid（运费预付）	Collect（到付）
EX. Rate（兑换率）	Prepaid at（预付地点）	Payable at（到付地点）		Place of Issue（签发地点）	
	Total Prepaid（预付总额）	No. of Original B(s)/L（正本提单份数）			

Service Type on Receiving □—CY ☑—CFS □—DOOR	Service Type on Delivery ☑—CY □—CFS □—DOOR	Reefer Temperature Required（冷藏温度）	℉	℃
TYPE OF GOODS（种类）	☑Ordinary.（普通）　□Reefer.（冷藏）　□Dangerous.（危险）　□Auto.（裸装车辆） □Liquid.（液体）　□Live Animal.（活动物）　□Bulk.（散货）　□		危险品	Class： Property： IMDG Code Page： UN No.

可否转船：可　　　　可否分批：可
装　期：　　　　效　期：
金　额：
制单日期：

（3）订舱确认，领取铅封，船公司确认订舱后，在场站收据第一联盖章表示确认订舱。之后去领取_____。

任务三 提取空箱

任务描述 当完成订舱后,货代安排运输部门(或外委物流公司)领取集装箱设备交接单及铅封,并提取空箱。

操作步骤

(1)领取集装箱设备交接单并审核,请写出设备交接单存在的问题,如表 2-6 所示。

表 2-6 集装箱设备交接单 OUT 出场

EQUIPMENT INTERCHANGE RECEIPT

用箱人/运箱人(CONTAINER USER/HAULIER)			提箱地点(PLACE OF DELIVERY)	
提单号(B/L NO.)			上海华星集装箱公司(逸仙路250号) 返回/收箱地点(PLACE OF RETURN)	
HJSHBI 142939			外高桥码头(杨高北一路88号)	
船名/航次 (VESSEL/VOYGE NO.) NANJIN V. 880	集装箱号 (CONTAINER NO.) CATU0506119	尺寸/类型 (SIZE/TYPE) 20/GP		运营人 (CNTR. OPTS)
发往地点 DELIVRED TO	铅封号 (SEAL NO.)	免费期限 (FREE TIME PERIOG)		运载工具编号 (TRUCK WAGON. BAFSE NO.)
		10 天		
出场目的/状态 (PPS OF GATE-OUT/STATUS)		进场目的/状态 (PPS OF GATE-IN/STATUS)	出场日期 (TIME OUT)	进场日期 (TIME IN)
			月 日 时/月 日 时	

出场检查记录(INSPECTION AT THE TIME OF INTERCHANGE)

普通集装箱 (GP CONTAINER)	冷藏集装箱 (RF CONTAINER)	特种集装箱 (SPECIAL CONTAINER)	发电机 (GEN SET)
□正常(SOUND) □异常(DEFECTIVE)	□正常(SOUND) □异常(DEFECTIVE)	□正常(SOUND) □异常(DEFECTIVE)	□正常(SOUND) □异常(DEFECTIVE)

损坏记录及代号(DAMAGE & CODE)

BR 破损 (BROKEN)	D 凹损 (BROKEN)	M 丢失 (MISSING)	DR 污箱 (DIRTY)	DL 危标 (DG LABE)

左侧 (LEFT SIDE) 右侧 (RIGHT SIDE) 前部 (FRONT SIDE) 集装箱内部 (CONTAINER INSIDE)

顶部 (TOP) 底部 (FLOOR BASE) 箱门 (REAR)

如有异状,请注明程度及尺寸 (REMARK)

顶除列明者外,集装箱及集装箱设备交接时完好无损,铅封完整无误。

THE CONTAINER/ASSOCIATED EOUIPMENT INTERCHANGED IN SOUND

CONDITION AND SEAL INTACT UNLESS OTHEFIWISE STATED.

运箱人/运箱人签署　　　　　　　　　　码头/堆场值班员签署
(CONTAINER USER/HAULIER'S SIGNATURE)　(TERMINAL/DEPOT CLERKS SIGNATURE)

(2) 凭设备交接单提取空箱。

_____到_____递交设备交接单的_____可以提取空箱;空箱检查完毕_____
和_____在设备交接单的_____签字。

任务四　货物装箱

任务描述　本票货物为门到门,当船公司订舱确认后,货代公司除了要填制门到门装箱计划给物流公司外,还要缮制货物进仓通知书,货物要及时放到仓库,之后,货代才可以进行装货。

操作步骤

(1) 货代填写进仓通知书给货主,如表 2-7 所示。

表 2-7　　　　　　　　　　　　货物进仓通知书

致：上海盛达进口有限公司　　　华益芬(F：0512-65631004　T：0512-65289810 * 801)

目的港		进仓编号	AYLSA00107
贵司编号		件数	
开航日期		托书重量	
船名航次		托书体积	
业务编号		箱量描述	
货物进仓时间	止	关单号	
报关单证送至我司时间		止	

仓库联系方法：

上海达源物流有限公司仓库
地址：
电话：021-51975805
传真：021-51975800

如有疑问：请与我司操作曾健联系,寄单地址和联系方法如下：

百通货代公司
地址：上海市虹口区花园路 66 弄 1 号嘉和国际大厦 2102 室
电话：021-65878250/51/52/53
传真：021-56661608/8860

(2) 货代填写装箱计划给运输部门(物流公司),如表 2-8 所示。

表 2-8 门到门装箱计划单

TO： FROM：上海××××××/admin Tel：××××××× Fax：××××××× 配载船名： 航次： 提单号： 开船日期： 箱量： 目的港： 中转港：见设备交接单 货物品名： 重量： 体积： 件数： 请于 至以下地点装箱 公司名称： 门点地点：

（3）物流公司的司机凭装箱计划单及 S/O 到货代指定仓库装箱,仓库理货人员持 S/O 核对_____、_____,以保证货物安全装箱。

（4）请以装箱仓库的工作人员身份开具一式五联的集装箱装箱单,如表 2-9 所示。

表 2-9

Reefer Temperature Required. 冷藏温度				CONTAINER LOAD PLAN 装 箱 单			CHINA MARINE SHIPPING AGENCY SHANGHAI COMPANY 上海中外运船务代理有限公司 (2) Shipping Agent's Copy 船代联			
			℃ ℉							
class 等级	latent rules page 危规 页码	UN. NO. 联合国 编号	Flash point 闪点							
Ship's Name/Voy. No. 船名/航次				Port of Loading 装港	Port of Discharge 卸港	Piace of Delivery 交货地	SHIPPER'S/PACKER'S DECLARATIONS：We hereby declare that the container has been thoroughly cleaned without any evidence of cargoes of previous shipment prior to vanning and cargoes has been properly stuffed and secured			
Container No. 箱号				Bill of Lading No. 提单号	Packages & Packing 件数 与包装	Gross Weight 毛重	Measureme- nts 尺码	Descnotion of Goods 货名	Marks & Numbers 唛头	
Seal No. 封号				Front 前						
Cont. Size 箱型 20′ 40′ 45′	Cont. type. 箱类 GP=普通箱 TK=油罐箱 RF=冷藏箱 PF=平板箱 OT=开顶箱 HC=高箱 FR=框架箱 HT=挂衣箱									

（续表）

ISO Code For Container Size/Type. 箱型/箱类 ISO 标准代码						
Packer's Name/Address 装箱人名称/地址 TEL NO. 电话号码						
	Door 门					
Packing. Date.　装箱日期	Received By Drayman 驾驶员签收及车号	Total Packages 总件数	Total Cargo Wt 总货重	Total Meas 总尺码	Remarks：备注	
Packed BY. 装箱人签名	Received By Terminals/Date Of Receipt 码头收箱签收和收箱日期		Cont. Tare Wt 集装箱皮重	Cgo/Cont Total Wt 货/箱总重量		

（5）_____ 和 _____ 在装箱单上签字。

（6）司机要核对集装箱号、封号是否与 _____ 填写一致，如果一致，封上封志。

（7）检验 _____ 是否锁牢。

（8）重箱进港交接单据：

a. 司机持 _____ 单据和 _____ 单据进入港口。

b. 道口工作人员检查 _____ 并在设备交接单 _____ 上签字确认。

c. 重箱驶入码头指定位置，司机将装箱单交给收箱员，收箱员在装箱单上签字，留下装箱单 _____ 、_____ 、_____ ，返回给司机 _____ 和 _____ 。

d. 司机不仅要递交装箱单联单，还需递交 _____ 联单，堆场工作人员留下 _____ 联单 _____ 和 _____ 联单，将 _____ 联返回给货代。

任务五　代理报关

任务描述　从货主委托信息看，货主要求货代代理报关。因此，货物集港后就可以报关了，请缮制出口货物报关单，并带齐报关所需单据，到现场报关。

操作步骤

（1）请写明报关所需资料有哪些？

_____ 、_____ 、_____ 、_____ 、_____ 、_____ 、_____ 。

（2）电子预录入报关单，如表 2-10 所示。

表 2-10　　　　　　　　　中华人民共和国海关出口货物报关单

预录入编号：　　　　　　　　　　　　　　　　　　　　　　　　　海关编号：

出口口岸		备案号		出口日期		申报日期	
经营单位		运输方式	运输工具名称		提运单号		
发货单位		贸易方式		征免性质		结汇方式	
许可证号		运抵国(地区)		指运港		境内货源地	
批准文号		成交方式	运费		保费		杂费
合同协议号		件数	包装种类		毛重(千克)		净重(千克)
集装箱号		随附单据			生产厂家		
标记唛码及备注							

项号	商品编号	商品名称、规格型号	数量及单位	最终目的国(地区)	单价	总价	币制	征免

税费征收情况

录入员　　　　　录入单位	兹声明以上申报无讹并承担法律责任	海关审单批注及放行日期(签章)
报关员	申报单位(签章)	审单　　　　　审价
单位地址		征税　　上海吴淞海关　　统计
邮编　　　电话　　填制日期		查验　　验讫章　放行

（3）现场报关：

a. 报关员在＿＿＿＿＿签字，携带＿＿＿＿＿＿＿＿＿单据到现场报关。

b. 海关在＿＿＿＿＿、＿＿＿＿＿和＿＿＿＿＿单据上签字盖章。

c. 报关员将＿＿＿＿＿＿＿＿＿单据交给货代员。

任务六　缴费换单

任务描述　货物出运后，货代进行提单确认，代缴各种费用，取回提单。

操作步骤

（1）装船前，递交单据。通关后，货代将八联单中的_____、_____、_____交给_____，集装箱堆场留下_____，_____留下用作结算费用，_____交给堆场理货员，并在盖好场站章退还给货代。

（2）货物装船后，船公司开具提单确认书，货代公司确认提单内容，货代公司也要给货主开具提单确认书，请货主确认，请你以货代的身份审核提单确认书，如表 2-11 所示。

表 2-11　　　　　　　提单确认通知书

TO：百通货运代理有限公司　　吴敏

发件时间：2010.06.28

发货人：SHIPPER SHANGHAI SHENGDA IMP. AND EXP. TRADE CO., LTD. NO.668 ZHONGSHAN RD. MINHANG DISTRICT SHANGHAI CHINA		B/L NO 提单号：HJSHBI 142939	
		选择提单是否电放	☐ 电放　　☐ 正本
		客户编号	
		我司编号	
收货人：CONSIGNEE TO ORDER OF SHIPPER		发件人	张璐
		提单类型	
通知人：NOTIFY PARTY SHENGSHENG TRADE CORP. 205 BOX HUSTON U.S.A.		备注：	
VESSEL VOYAGE 船名 航次 NANJIN V.880	PORT OF LOADING 装运港 SHANGHAI, CHINA		
Port of Discharge 卸货港 HUSTON	Port of Distination 目的港 HUSTON		
Mark & numbers 标记及号码	Pkgs 件数	King of Package：Description of Goods 中英文货名	G. W(kgs) 毛重	Measurement 体积（立方米）
S. T. C. USH012 KOBE C/NO. 1-45	45 CTNS	中国绿茶 CHINESE GREEN TEA FREIGHT PREPAID CY TO CY 1 * 20' GP SAY FORTY FIVE CARTONS ONLY.	615	24
费用确认	RMB 抬头	USA 抬头		
上海盛达进出口有限公司				

（3）缴清费用。货代向船代缴清海运费_____美元,订舱费_____元人民币,单证费_____元人民币。

（4）船公司缮制提单,货代缴费换取提单并审核,请以船公司的身份开具提单,如表2-12所示。

表 2-12

Shipper		B/L NO.　　　　ORIGINAL **中国对外贸易运输总公司** **CHINA NATIONAL FOREIGN TRADE** **TRANSPORT CORPORATION** **直运或转船提单** **BILL OF LADING DIRECT OR** **WITH TRANSHIPMENT**
Consignee or order		SHIPPED on board in apparent good order and condition（unless otherwise indicated）the goods or packages specified herein and to be discharged or the mentioned port of discharge of as near there as the vessel may safely get and be always afloat.
Notify address		THE WEIGHT, measure, marks and numbers quality, contents and value, being particulars furnished by the Shipper, are not checked by the Carrier on loading.
Pre-carriage by	Port of loading	THE SHIPPER, Consignee and the Holder of this Bill of Lading hereby expressly accept and agree to all printed, written or stamped provisions, exceptions and conditions of this Bill of Loading, including those on the back hereof.
Vessel	Port of transshipment	IN WITNESS where of the number of original Bill of Loading stated below have been signed, one of which being accomplished, the other（s）to be void.
Port of discharge	Frail destination	
Container Seal No. or marks and Nos.	Number and kind of packages Designation of goods	Gross weight（kgs.）　　　Measurement（m³）
Total number of Containers or Packages（in words）		

Ex. rate	Prepaid at	Fright payable at	Place and date of issue
	Total Prepaid	Number of original Bs/L	Signed for or on behalf of the Master 　　KITTY　　　　　　as Agent

任务七　结算递单

任务描述　货代取回提单后,与货主结清费用,在信用证有效期之内传递提单。

操作步骤

(1) 根据报价和船公司港杂费账单制作费用账单提供给客户,确认并付费,如表 2-13 所示。

表 2-13　　　　　　　　　　　**百通货代公司**

SHANGHAI SIRIUS INTERNATIONAL LOGISTICS CO., LTD.

费用结算单

我司编号:BT2010.0613　　　　　　　客户编号:BT2010.0613
客户名称:上海盛达进出口有限公司　　预付/到付:
订舱方:　　　　　　　　　　　　　　船公司:
卸(装)港:　　　　　　　　　　　　代理:
船名航次:　　　　　　　　　　　　　提单号:
开船日:　　　　　　　　　　　　　　箱型箱量:
委托件数:　　　　　　　　　　　　　品名:
委托体积:　　　　　　　　　　　　　委托毛重量:

费用项目	应付金额	付款单位	费用项目	应收金额	收款单位	备注
燃油附加费			单证费			
货币贬值附加费			内陆运输费用			
			订舱费			
			报关费			
			码头操作费			
USD 应付合计		USD 应收合计		USD 毛利		总毛利
RMB 应付合计		RMB 应收合计	1 900 RMB	RMB 毛利		

OP:　　　　　　　　DATA
Created by KTSOFT,www.ktcargo.com,TEL

(2) 结费发放提单。分别开具人民币和美元发票,以及缴清费用,在_____日期之前给货主传递提单。

四、项目完成效果评价

项目 2:过程性评价考核评分表,如表 2-14 所示。

表 2-14　　　　　　　项目 2：过程性评价考核评分表(指导教师用)

姓名		班级		学号	
评价指标	考核项目	考核内容与标准		权重分值	得分
	1. 组织纪律性	遵守实训纪律,不迟到早退和缺席,服从指导教师的安排		5	
	2. 工作的积极性、主动性和责任感	工作积极、主动、任劳任怨,有很强的责任感		5	
	3. 专业知识与技能的掌握情况	揽货接单		15	
		订舱		15	
		提取空箱		10	
		装箱集港		15	
		代理报关		10	
		缴费换单		10	
		结算传递单据		15	
		总分：		100	

指导教师评语：

指导教师签字：

年　　月　　日

模块二

集装箱拼箱出口海运代理业务操作

项目 3　CIF 大米和玉米饲料拼箱出口海运代理业务操作

一、实训目标

1. 会依据运价表计算拼箱运费
2. 会缮制集装箱托运单,并办理订舱业务
3. 能够审核设备交接单,并办理提取空箱业务
4. 会缮制集装箱装箱单,并办理装箱业务
5. 能够办理货物集港业务过程中各种单据的交接
6. 能够缮制报关单,并完成代理报检报关业务
7. 能够缮制保险单,并完成代理保险业务
8. 能够缮制审核提单,并办理付费取单业务

二、背景资料

1. 上海杰诚商贸有限公司有一批玉米饲料出口到美国长滩,想委托百通货代公司办理海上运输等事宜,进口商为 LOSDA FOOD COMPANY,地址：850 CHERRY STREET, LOS ANGELES, U. S. A. ,要求最晚 2011 年 8 月 10 日装船,单件重量：10 KGS,单件货物尺寸：10×20×120 CM,总计 488 箱。上海杰诚商贸有限公司向百通货代公司提供了一份货运委托书、发票、报关委托书等,请百通货代公司报代理运输报价并在指定时间保证货物安全上船。

上海杰诚商贸有限公司提供的单据,如表 3-1 至表 3-3 所示。

(1) 代理报关委托书。

表 3-1　　　　　　　　　代理报关委托书

编号：2200004510976

我单位现(A. 逐票　B. 长期)委托贵公司代理(A. 报关查验　B. 垫缴税款　C. 办理海关证明联　D. 审批手册　E. 核销手册　F. 申办减免税手续　G. 其他)通关事宜,详见《委托报关协议》。我单位保证遵守《海关法》和国家有关法规,保证所提供的情况真实、完整、单货相符。否则,愿承担相关法律责任。

本委托书有效期自签字之日起至 2011 年 10 月 2 日止。

上海杰诚商贸有限公司

委托方(签章)：SHANGHAI JIECHENG COMMERCIAL & TRADE CO. , LTD.

法定代表或其授权签署《代理报关委托书》(签字) 王海波

2011 年 08 月 01 日

委托报关协议

为明确委托报关具体事项和各自责任,双方经平等协议商定协议如下：

（续表）

委托方	上海杰诚商贸有限公司	被委托人	百通货代公司	
主要货物名称	100%玉米淀粉 (100% CORN STARCH)	＊报关单编号	NO.	
H.S编码	118120000	收到单证日期	2011年08月02日	
进出口日期	2011年08月08日	收到单证情况	合同☑	发票☑
提单号	HJSHBI 142939A		装箱清单☑	提(运)单☐
贸易方式	进料对口		加工贸易手册☐	许可证件☐
原产地/货源地	上海		其他	
传真号码	65785678	报关收费	人民币：80元	
其他要求：		承诺说明：		

背面所列通用条款是本协议不可分割的一部分,对本协议的签署构成了对背面条款的同意。

委托方业务签章：
上海杰诚商贸有限公司
SHANGHAI JIECHENG COMMERCIAL &
TRADE CO., LTD. 王海波

经办人签章：2010年08月08日
联系电话：65785678

背面所列通用条款是本协议不可分割的一部分,对本协议的签署构成了对背面条款的同意。

被委托方业务签章：
百通货代公司

经办报关员签章：王路杰　2011年08月08日
联系电话：56987452

（白联：海关留存、黄联：被委托方留存、红联：委托方留存）　　中国报关协会

（2）发票。

表3-2
上海杰诚商贸有限公司
SHANGHAI JIECHENG COMMERCIAL & TRADE CO., LTD.
NO. 668 ZHONGSHAN RD. MINHANG DISTRICT SHANGHAI CHINA
TEL(86)21-16584887　FAX(86)21-16584568
COMMERCIAL INVOICE

Messrs：
SHANGHAI JIECHENG COMMERCIAL &
TRADE CO., LTD.
NO. 668 ZHONGSHAN RD. MINHANGD-
ISTRICT SHANGHAI CHINA
FROM：____SHANGHAI____　TO：__LONG BEACH__

INVOICE NO.：　　08277201
DATE：　　　　　JULY 18, 2011
S/C NO.：　　　　06TM-0637
L/C NO.：　　　　LGU-0075

MARKS & NO	DESCRIPTIONS OF GOODS	QUANTITY (DTNS)	UNIT PRICE (USD)	AMOUNT (USD)
09SH-T0605 JSHA034 LOS ANGELES C/NO. 1-488	100% CORN STARCH TOTAL：	488 CTNS	CIF LONG BEACH USD 90/DTN	USD 43920
		488 CTNS		USD 43920.00

TOTAL AMOUNT：SAY US DOLLARS FORTY THREE THOUSAND NINE HUNDRED AND TWENTY ONLY.

（3）货运代理委托书。

表 3-3 货运代理委托书

经营单位（托运人）	SHANGHAI JIECHENG COMMERCIAL & TRADE CO., LTD. NO. 668 ZHONGSHAN RD. MINHANGDISTRICT SHANGHAI CHINA		百通编号	JF0388811
提单 B/L 项目要求	Shipper 发货人： SHANGHAI JIECHENG COMMERCIAL & TRADE CO., LTD. NO. 668 ZHONGSHAN RD. MINHANGDISTRICT SHANGHAI CHINA			
	Consignee 收货人： LOSDA FOOD COMPANY 850 CHERRY STREET, LOS ANGELES, U.S.A.			
	Notify Party 通知人： THE SAME AS CONSIGNEE			
洋运费（ ） Sea freight	预付(√)或( )到付 Prepaid or Collect	提单份数	THREE	提单寄送地址
起运港	SHANGHAI	目的港 LONG BEACH	可否转船	可否分批
集装箱预配数	20'× 40'×	装运期限		有效期限

标记唛码	包装件数	中英文货号 Description of goods	毛重（千克）	尺码（立方米）	成交条件（总货价）
09SH-T0605 JSHA034 LOS ANGELES C/NO. 1-488	488C TNS	100% CORN STARCH	4 880 KGS	11.712 CBM	
			特种货物 □冷藏货 □危险品	重　件：每件重量 □　大　　件 （长×宽×高）	

内装箱（CFS）地址	宝山区蕴川公路 8888 号宝山杨行仓库 电话：6820682×215	特种集装箱：( )	
		物资备妥日期	2011 年 8 月 1 日
		物资进栈：	自送(√)或金发派送( )
门对门装箱地址		人民币结算单位账号	
		托运人签章：	上海杰诚商贸有限公司
外币结算账号		电话	
声明事项		联系人：	
		地址：	
		制单日期：　年　月　日	

2. 上海骏达进出口有限公司有一批大米制品出口到美国长滩,同样想委托百通货代公司办理海上运输等事宜,进口商为 ABC FOOD COMPANY,地址:48/F EAST ZONE LIWANG LOS ANGELES,USA,最晚 2011 年 8 月 10 日装船,单件重量:10 KGS,单件货物尺寸:10×30×150 CM,总计 200 箱。上海骏达进出口有限公司向百通货代公司提供了一份货运委托书、发票、报关委托书等,请百通货代公司报代理运输报价并在指定时间保证货物安全上船。

上海骏达进出口有限公司提供的单据,如表 3-4 至表 3-6 所示。

(1) 代理报关委托书。

表 3-4　　　　　　　　　　　　代理报关委托书

编号:2200004510976

我单位现(A√ 逐票　B. 长期)委托贵公司代理(A. 报关查验　B√ 垫缴税款　C. 办理海关证明联　D√ 审批手册　E. 核销手册　F. 申办减免税手续　G. 其他)通关事宜,详见《委托报关协议》。我单位保证遵守《海关法》和国家有关法规,保证所提供的情况真实、完整、单货相符。否则,愿承担相关法律责任。

本委托书有效期自签字之日起至 2011 年 10 月 02 日止。

上海骏达进出口有限公司

委托方(签章):SHANGHAI JUNDA IMPORT & EXPORT CO.,LTD.

法定代表或其授权签署《代理报关委托书》的人(签字)　王 海 波

2011 年 08 月 01 日

委托报关协议

为明确委托报关具体事项和各自责任,双方经平等协议商定协议如下:

委托方	上海骏达进出口有限公司	被委托人	百通货运代理公司	
主要货物名称	100%大米(100% RICE)	*报关单编号		
H.S 编码	1006101110	收到单证日期	2011 年 08 月 02 日	
进出口日期	2011 年 08 月 08 日	收到单证情况	合同☑	发票☑
提单号	HJSHBI 142939B		装箱清单☑	提(运)单□
贸易方式	进料对口		加工贸易手册□	许可证件□
原产地/货源地	上海		其他	
传真号码	65785678	报关收费	人民币:80 元	

其他要求:	承诺说明:
背面所列通用条款是本协议不可分割的一部分,对本协议的签署构成了对背面条款的同意。	背面所列通用条款是本协议不可分割的一部分,对本协议的签署构成了对背面条款的同意。
委托方业务签章: 上海骏达进出口有限公司 SHANGHAI JUNDA IMPORT & EXPORT CO.,LTD. 经办人签章:2011 年 08 月 08 日 联系电话:65785678	被委托方业务签章: 百通货代公司 经办报关员签章:王路杰　2011 年 8 月 8 日 联系电话:56987452

(白联:海关留存、黄联:被委托方留存、红联:委托方留存)　　中国报关协会

（2）发票。

表 3-5

上海骏达进出口有限公司

SHANGHAI JUNDA IMPORT & EXPORT CO., LTD.

22/F 666 SICHUAN ROAD(M), SHANGHAI 200080, CHINA

TEL(86)21-16584645   FAX(86)21-16584985

COMMERCIAL INVOICE

Messrs:	INVOICE NO.: 08277201
SHANGHAI JUNDA IMPORT & EXPORT CO., LTD.	DATE: JULY 16,2011
22/F 666 SICHUAN ROAD(M), SHANGHAI 200080, CHINA	S/C NO.: 06TM-0698
	L/C NO.: LGU-0478

FROM: ___SHANGHAI___   TO: ___LONG BEAC1-1___

MARKS & NO.	DESCRIPTIONS OF GOODS	QUANTITY (CTNS)	UNIT PRICE (USD)	AMOUNT (USD)
09SH-T0605 JSHA034 LOS ANGELES C/NO. 1-200	100% RICE	200CTNS	CIF LONG BEACH USD 50/CTN	USD 10 000.00
	TOTAL:	200 CTNS		USD 10 000.00

TOTAL AMOUNT: SAY US DOLLARS TWO THOUSAND ONLY.

（3）货运代理委托书。

表 3-6   货运代理委托书

经营单位（托运人）	SHANGHAI JUNDA IMPORT & EXPORT CO., LTD. 22/F 666 SICHUAN ROAD(M), SHANGHAI 200080, CHINA			百通编号	JF0388811	
提单 B/L 项目 要求	Shipper 发货人： SHANGHAI JUNDA IMPORT & EXPORT CO., LTD. 22/F 666 SICHUAN ROAD(M), SHANGHAI 200080, CHINA					
	Consignee 收货人： ABC FOOD COMPANY 48/F EAST ZONE LIWANG, LOS ANGELES, USA					
	Notify Party 通知人： THE SAME AS CONSIGNEE					
洋运费（ ） Sea freight	预付(√)或( )到付 Prepaid or Collect		提单份数	THREE	提单寄送地址	
起运港	SHANGHAI	目的港	LONG BEACH	可否转船		可否分批
集装箱预配数		20'× 40'×		装运期限		有效期限
标记唛码	包装件数	中英文货号 Description of goods	毛重（千克）	尺码（立方米）	成交条件（总货价）	

（续表）

09SH-T0605 JSHA034 LOS ANGELES C/NO. 1-200	200 CTNS	100% RICE	2 000 KGS	9 CBM	
			特种货物 □冷藏货 □危险品	重　件：每件重量	
				□　大　件 （长×宽×高）	
内装箱（CFS）地址	宝山区蕰川公路8888号宝山杨行仓库 电话：6820682×215		特种集装箱：（　　）		
			物资备妥日期	2011年8月1日	
			物资进栈：	自送（✓）或金发派送（　）	
门对门装箱地址			人民币结算单位账号		
			托运人签章：		
外币结算账号			电话		
声明事项			联系人：		
			地址：		
			制单日期：　　　年　月　日		

拼箱小常识

拼箱（Less Than Container Load，LCL）是指承运人（或代理人）接受货主托运的数量不足整箱的小票货运后，根据货类性质和目的地进行分类整理。把去同一目的地的货，集中到一定数量拼装入箱。由于一个箱内有不同货主的货拼装在一起，所以叫拼箱。这种情况在货主托运数量不足装满整箱时采用。拼箱货的分类、整理、集中、装箱（拆箱）、交货等工作均在承运人码头集装箱货运站或内陆集装箱转运站进行。

三、项目实施

任务一　接单报价

任务描述　接到货运委托信息后，货代发现由于货运量较小，便与出口商协商采用拼箱的方式运输，商品计费标准为 W/M，每 W/M 基本运费为 50 美元、BAF 为 10 美元，请根据货物信息计算代理运输产生的所有费用，并向货主报价海运费。

操作步骤

（1）请计算上海杰诚商贸有限公司货物拼箱费用。

拼箱费用计算如下：

单件货物体积：_____CBM

总毛重：_____KGS=_____T

总体积：_____CBM

根据 W/M 规则,总毛重与总体积比较取较高点计算:

海运费=_____＝USD _____

所以,该票货物拼箱费用为 USD _____

(2)上海骏达进出口有限公司货物拼箱费用。

拼箱费用计算如下:

单件货物体积:_____CBM

总毛重:_____KGS＝_____T

总体积:_____CBM

根据 W/M 规则,总毛重与总体积比较取较高点计算:

海运费=_____＝USD _____

所以,该票货物拼箱费用为 USD _____

任务二　订舱

任务描述　请替该货代公司为该票拼箱货缮制集装箱托运单并向中国远洋订舱,船名:COSCO BRAVE,航次:V. 016W。其中,Shipper 为百通货运代理有限公司上海分公司[BAITONG FORWORDING CO. , LTD. (SHANGHAI BRANCH)],Consignee 为该公司在海外的分部:BAITONG FORWORDING CO. ,LTD. (LOS ANGELES BRANCH)

操作步骤

1. 缮制集装箱托运单(见表 3-7)

表 3-7　　　　　　　　　　　　　集装箱托运单

Shipper (发货人)				B/L No. (编号) 中国对外贸易运输总公司	
Consignee (收货人)				**中国对外贸易运输总公司** 装　货　单	
Notify Party(通知人)				Received by the Carrier the Total number of containers or other packages or units stated below to be transported subject to the terms and conditions of the Carrier's regular form of Bill of Lading (for Combined Transport or Port to Port shipment) which shall be deemed to be incorporated herein. Date (日期):	第五联
Pre-carriage by(前程运输)　　Place of Receipt(收货地点)					
Ocean Vessel(船名)　Voy. No.(航次)　Port of Loading(装货港)					
Port of Discharge(卸货港)　　Place of Delivery(交货地点)			Final Destination for the Merchant's Reference(目的地)		
Container No. (集装箱号)	Seal No. (封志号) Marks & Nos (标记与号码)	No of containers or p'kgs (箱数或件数)	King of Package: Description of Goods (包装种类与货名)	Gross Weight 毛重	Measurement 尺码/立方数
TOTAL NUMBER OFCONTAINERS OR PACKAGES (IN WORDS) 集装箱数或件数合计(大写)					

（续表）

FREIGHT & CHARGES （运费与附加费）	Revenue Tons （运费吨）	Rate （运费率）	Per(每)	Prepaid （运费预付）	Collect （到付）
EX. Rate(兑换率)	Prepaid at(预付地点)		Payable at(到付地点)		Place of Issue(签发地点)
	Total Prepaid(预付总额)		No. of Original B(s)/L （正本提单份数）		

Service Type on Receiving □—CY □—CFS □—DOOR	Service Type on Delivery □—CY □—CFS □—DOOR		Reefer Temperature Required(冷藏温度)	℉	℃
TYPE OF GOODS （种类）	☑Ordinary. （普通） □Reefer. （冷藏）	□Dangerous. （危险） □Auto. （裸装车辆）	危 险 品	Class： Property： IMDG Code Page： UN No.	
	□Liquid. （液体） □Live Animal. （活动物）	□Bulk. （散货） □			

可否转船：	可否分批：	
装　　期：	效　　期：	
金　　额：		
制单日期：		

任务三 填写进仓通知单

任务描述 作为上海百通货运代理有限公司的一名业务员，请分别向上海杰诚商贸有限公司与上海骏达进出口有限公司发出进仓通知单，安排货物进仓拼箱。

操作步骤

（1）请填制进仓通知单并发送给上海杰诚商贸有限公司，相关信息见上述单据，进仓编号：CCLNGB0801001，玉米淀粉的 HS 编码为 118120000，集卡车牌号：沪 A_84624，要求最晚 14：00 前送达仓库，如表 3-8 所示。

表 3-8　　　　　　　　　　　　进 仓 通 知 单

TO：　　　　　　　　　　　　　　　　　　　　　　　　进仓编号：

ATTN：王小姐

==

我司地址：　　　　　　　　　　　　　　　　　　　邮编：

我司联系人：　　　　　　　电话：　　　　　　　　传真：

_____

订 舱 信 息

船名/航次：　　　　　　　　提单号：　　　　　　　　截关日：

总件数：　　　　　　　　　　毛重：　　　　　　　　　体积：

货物最晚送抵仓库时间：

送货地址：

电话：　　　　　　　　　　　　　　　　　　　　　　联系方式：

送货车号：　　　　　　　　　　　　　　　　　　　　司机电话：

（续表）

品名	HS 编码	件数	毛重	体积	唛头

报关资料最晚寄至我司的时间：

（熏蒸、植检货需提前 3 个工作日、熏蒸货提前 2 个工作日、商检换单提前 1 个工作日）

注意事项：

1. 仓库收货时间：7:30～23:30，送货人凭右上角的进仓编号送货入仓。

2. 上述缺省栏内容，由发货人在进仓前填写完整，内容空白则仓库有权拒收货物。

3. 唛头无法辨识的货物，或外包装变形、湿损的货物仓库有权拒收或暂收。

4. 发货人送货时，如果每车有多种唛头款号的货物，请按照一定次序装车并提供相应说明。如果装车次序错乱而导致卸货时需要仓库分唛，仓库将收取 RMB 1 元/箱的分唛费，并以送货司机在回单上的签字为准。

5. 所送货物如在卸货、仓储、装箱时有特殊要求的，如食品、展览品、易碎品、高价值货请在备注栏内注明，食品、易碎品凭保函进仓。

（2）请填制进仓通知单并发送给上海骏达进出口有限公司，相关信息见上述单据，进仓编号：CCLNGB0801002，大米的 H.S. 编码为 1006101110，集卡车牌号：沪 A_84624，要求最晚 14:00 前送达仓库，如表 3-9 所示。

表 3-9　　　　　　　　　　　　进仓通知单

TO：　　　　　　　　　　　　　　　　　　　　　　进仓编号：

ATTN：王小姐

==

我司地址：　　　　　　　　　　　　　　　　　　　邮编：

我司联系人：　　　　　　　　　电话：　　　　　　传真：

==

订 舱 信 息

船名/航次：　　　　　　　提单号：　　　　　　　截关日：

总件数：　　　　　　　　　毛重：　　　　　　　　体积：

货物最晚送抵仓库时间：

送货地址：

电话：　　　　　　　　　　　　　　　　　　　联系方式：

送货车号：　　　　　　　　　　　　　　　　　司机电话：

品名	H.S. 编码	件数	毛重	体积	唛头

报关资料最晚寄至我司的时间：

（熏蒸、植检货需提前 3 个工作日、熏蒸货提前 2 个工作日、商检换单提前 1 个工作日）

注意事项:

1. 仓库收货时间:7:30～23:30,送货人凭右上角的进仓编号送货入仓。

2. 上述缺省栏内容,由发货人在进仓前填写完整,内容空白则仓库有权拒收货物。

3. 唛头无法辨识的货物,或外包装变形、湿损的货物仓库有权拒收或暂收。

4. 发货人送货时,如果每车有多种唛头款号的货物,请按照一定次序装车并提供相应说明。如果装车次序错乱而导致卸货时需要仓库分唛,仓库将收取 RMB 1元/箱的分唛费,并以送货司机在回单上的签字为准。

5. 所送货物如在卸货、仓储、装箱时有特殊要求的,如食品、展览品、易碎品、高价值货请在备注栏内注明,食品、易碎品凭保函进仓。

任务四 装箱集港

任务描述 当船公司订舱确认后,货代要根据货运委托书等信息缮制集装箱装箱单,到堆场提取空箱,然后到货主指定仓库装箱,将重箱送到港口。集装箱船舶停靠外高桥第五期码头。集装箱设备交接单由中远船代发放。具体运输信息见场站收据联单之第五联。提箱日为 2011 年 8 月 4 日;集装箱空箱在欧美堆场;集装箱状况:正常;集装箱免费用箱期为 10 天,集卡车牌号:沪 A_84624;集卡司机:王建国;堆场管理员:罗志远;中远船代制单员:刘红。请根据所提供的信息,正确填制"集装箱发放/设备交接单出口联"中各相应栏目。

操作步骤

(1) 填写集装箱设备交接单,如表 3-10 所示。

表 3-10

集装箱设备交接单　　　　　　　　　　**OUT　出场**

EQUIPMENT INTERCHANGE RECEIPT

用箱人/运箱人(CONTAINER USER/HAULIER)		提箱地点(PLACE OF DELIVERY)	
提单号(B/L NO.)		返回/收箱地点(PLACE OF RETURN)	
HJSHBI 142939		外高桥码头(杨高北一路 88 号)	
船名/航次 (VESSEL/VOYAGE NO.)	集装箱号 (CONTAINER NO.)	尺寸/类型 (SIZE/TYPE)	营运人 (GNTR. OPTS)

发往地点 (DELIVERED TO)	铅封号 (SEAL NO.)	免费期限 (FREE TIME PERIOD)	运载工具编号 (TRUCK WAGON, BARGE NO.)

出场目的/状态 (PPS OF GATE-OUT/STATUS)	进场目的/状态 (PPS OF GATE-IN/STATUS)	出场日期 (TIME OUT)	进场日期 (TIME IN)
		月 日 时 / 月 日 时	

（续表）

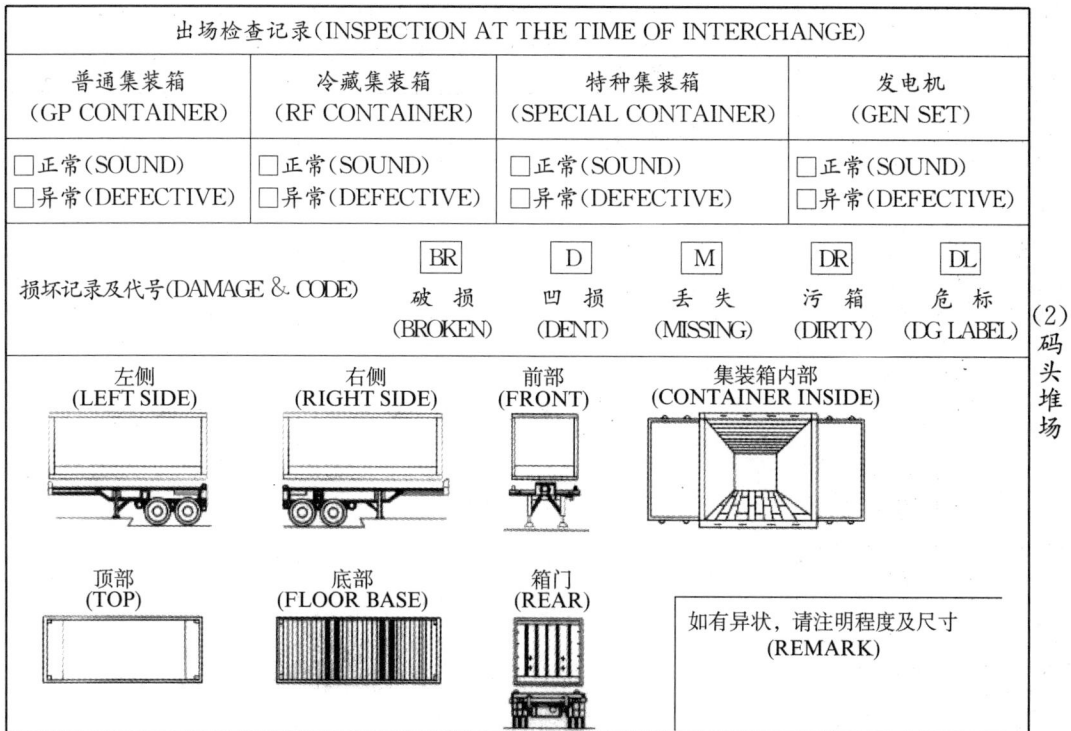

除列明者外，集装箱及集装箱设备交接时完好无损，铅封完整无误。
THE CONTAINER/ASSOCIATED EQUIPMENT INTERCHANGED IN SOUND
CONDITION AND SEAL INTACT UNLESS OTHERWISE STATED.

用箱人/运箱人签署　　　　　　　　　　码头/堆场值班员签署
(CONTAINER USER/HAULIER'S SIGNATURE)　(TERMINAL/DEPOT CLERK'S SIGNATURE)

　　（2）请以装箱人的身份，根据所提供的信息，正确填制集装箱装箱单中各相应栏目。具体运输信息见场站收据联单之第五联。装箱日期为2011年08月05日、封志号：84928、仓库管理员：邢宏琴，如表3-11所示。

表3-11

Reefer Temperature Required 冷藏温度				CONTAINER LOAD PLAN 装 箱 单			CHINA MARINE SHIPPING AGENCY SHANGHAI COMPANY 上海中外运船务代理有限公司 (2) Shipping Agent's Copy 船代联
		℃	℉				
Class 等级	latent rules page 危规页码	UN. NO. 联合国编号	Flash-point 闪点				
Ship's Name/Voy No. 船名/航次				Port of Loading 装港	Port of Discharge 卸港	Place of Delivery 交货地	SHIPPER'S/PACKER'S DECLARATIONS：We hereby declare that the container has been thoroughly cleaned without any evidence of cargoes of previous shipment prior to vanning and cargoes has been properly stuffed and secured.

（续表）

Container No. 箱号		Bill of Lading No. 提单号	Packages & Packing 件数与包装	Gross Weight 毛重	Measurements 尺码	Description of Goods 货名	Marks & Numbers 唛头
Seal No. 封号		◇ Front 前					
Cont Size 箱型 20′ 40′ 45′	Cont Type 箱类 GP＝普通箱 TK＝油罐箱 RF＝冷藏箱 PF＝平板箱 OT＝开顶箱 HC＝高箱 FR＝框架箱 HT＝挂衣箱						
ISO Code For Container Size/Type 箱型/箱类 ISO 标准代码							
Packer's Name/Address 装箱人名称/地址							
TEL NO. 电话号码		◇ Door 门					
Packing Date　装箱日期		Received By Drayman 驾驶员签收及车号	Total Packages 总件数	Total Cargo Wt 总货重	Total Meas 总尺码	Remarks　备注	
Packed BY　装箱人签名		Received By Terminals/ Date Of Receipt 码头收箱签收和收箱日期	Cont Tare Wt 集装箱皮重	Cgo/Cont Total Wt 货/箱总重量			

理货交船长

任务五　代理报检报关

任务描述　从货主委托信息看,货主要求货代代理报检报关。请为上海杰诚商贸有限公司与上海骏达进出口有限公司分别填写报关单,并分别备好植物检疫证书。

操作步骤

1. 为上海杰诚商贸有限公司报检报关

（1）作为上海百通货代公司报关部门的一名报关员,请为上海杰诚商贸有限公司填写报检单,备好植物检疫证书,并在 2011 年 8 月 1 日填写出境货物报检单(见表 3-12)并向海关申报,具体运输信息见前述单据。其中,贸易方式为进料对口,玉米淀粉的 H. S. 编码为118120000,玉米淀粉的备案号为 C22215401651,出口日期为 2011/08/06,许可证号:

39479237492,批准文号：3748237492,该票货物净重 4 000 KGS,保费 USD 2 500,分提单号：HJSHBI142939A。

表 3-12

中华人民共和国出入境检验检疫
出境货物报检单

报检单位（加章）：　　　　　　　　　　　　　　　　　　　　* 编号＿＿＿＿＿＿＿＿＿＿

报检单记号：　　　　联系人：　　　　电话：　　　　　　报检日期：　　年 月 日

发货人	（中文）					
	（外文）					
收货人	（中文）					
	（外文）					

货物名称（中/外文）	H.S.编码	产地	重量	货物总值	包装种类及数量

运输工具名称号码		贸易方式		货物存放地点	
合同号		信用证号		用途	食用

发货日期	2011/8/6	输往国家（地区）		许可证/审批号	.
启运地		到达口岸		生产单位注册号	

集装箱规格、数量及号码	

合同、信用证订立的检验检疫条款或特殊要求	标记及号码	随附单据（划"√"或补填）
		□合同　□信用证　□发票　□换证凭单　□装箱单　□厂检单 　　□包装性能结果单 □许可/审批文件 □ □ □

需要证单名称（划"√"或补填）	* 检验检疫费

（续表）

☐品质证书 ___正___副	☐植物检疫证书 ___正___副	总金额 （人民币元）
☐重量证书 ___正___副	☐熏蒸/消毒证书 ___正___副	
☐数量证书 ___正___副	☐出境货物换证凭单 ___正___副	
☐兽医卫生证书 ___正___副	☐	计费人
☐健康证书 ___正___副	☐	
☐卫生证书 ___正___副	☐	收费人
☐动物卫生证书 ___正___副	☐	

报检人郑重声明： 1. 本人被授权报检。 2. 上列填写内容正确属实，货物无伪造或冒用他人的厂名、标志、认证标志，并承担货物质量责任。 签名：_____	领取证单	
	日期	
	签名	

注：有"＊"号栏由出入境检验检疫机关填写。　　　　　◆国家出入境检验检疫局制
　　　　　　　　　　　　　　　　　　　　　　　　　　[1-2（2000.1.1）]

（2）请替出入境检验检疫局签发植物检验检疫证书，如表 3-13 所示。

表 3-13

中华人民共和国出入境检验检疫
ENTRY-EXIT INSPECTION AND QUARANTINE
OF THE PEOPLE'S REPUBLIC OF CHINA

正　本
ORIGINAL

植物检疫证书
PHYTOSANITARY CERTIFICATE

编号 No. 321300206029755

发货人名称及地址
Name and Address of Consignor　1.　　　　　　　HUAIYIN DISTRICT JINAN

收货人名称及地址
Name and Address of Consignee　2.　　　　　　OAD PHYATHAI, BANGKOK

品名　　　　　　　　　　　　　植物学名
Name of Produce　3.　　　　　　Botanical Name of Plants***

报检数量
Quantity Declared　　　　　　　　　　　　　　标记及号码
　　　　　　　　　　　　　　　　　　　　　　Mark & No.
包装种类及数量
Number and Type of Packages　4.
　　　　　　　　　　　　　　　　　　　　　　N/M
产地
Place of Origin　5.

到达口岸
Port of Destination　6.

运输工具　　　　　　　　　　　　　　　检验日期
Means of Conveyance　7.　　　　　　Date of Inspection　24 NOV, 2006

　　兹证明上述植物、植物产品或其他检疫物已经按照规定程序进行检查和/或检验，被认为不带有输入国或地区规定的检疫性有害生物，并且基本不带有其他的有害生物，因而符合输入国或地区现行的植物检疫要求。

　　This is to certify that the plants, plant products or other regulated articles described above have been inspected and/or tested according to appropriate procedures and are considered to be free from quarantine pests specified by the importing country/region, and practically free from other injurious pests; and that they are considered to conform with the current phytosanitary requirements of the importing country/region.

（续表）

杀虫和/或灭菌处理 DISINFESTATION AND/OR DISINFECTION TREATMENT

日期 Date　　***	药剂及浓度 Chemical and Concentration　　***
处理方法 Treatment　***	持续时间及温度 Duration and Temperature　　***

附加声明 ADDITIONAL DECLARATION
****

印章
Official Stamp

签证地点 Place of Issue　　ZHENJIANG　　　　签证日期 Date of Issue　　NOV. 24,2006

授权签字人 Authorized Officer　　WANG FUHAI　签名 Signature

中华人民共和国出入境检验检疫机关及其官员或代表不承担签发本证书的任何财经责任。No financial liability with respect to this certificate shall attach to the entry-exit inspection and quarantine authorities of the P. R. of China or to any of its officers or representatives.

A　0698776　　　　　　　　　　　　　　　　　　　［e 5-1(2000. 1. 1)］

（3）填制出口货物报关单并请拿着上述单据及通关单等向海关现场报关，如表 3-14 所示。

表 3-14　　　　　　中华人民共和国海关出口货物报关单

预录入编号：　　　　　　　　　　　　　　　　　　　海关编号：

出口口岸		备案号	出口日期	申报日期
经营单位		运输方式	运输工具名称	提运单号
发货单位		贸易方式	征免性质	结汇方式
许可证号	运抵国(地区)		指运港	境内货源地
批准文号	成交方式	运费	保费	杂费
合同协议号	件数	包装种类	毛重(千克)	净重(千克)
集装箱号	随附单据		生产厂家	
标记唛码及备注				

（续表）

项号	商品编号	商品名称、规格型号	数量及单位	最终目的国（地区）	单价	总价	币制	征免

税费征收情况			
录入员　　　　录入单位	兹声明以上申报无讹并承担法律责任	海关审单批注及放行日期（签章）	
报关员 单位地址	申报单位（签章）	审单　　　审价 （上海吴淞海关 验讫章）	
		征税　　　统计	
邮编　　　电话　　　填制日期		查验　　　放行	

（4）备齐出口报关所需单证有哪些？

_____、_____、_____、_____、_____、_____、_____

（5）现场报关。

a. 报关员在_____签字，携带_____等单据到现场报关。

b. 海关在_____、_____和_____单据上签字盖章。

c. 报关员将_____等单据交给货代员。

2. 代理上海骏达进出口有限公司报检报关

（1）作为百通货代公司报关部门的一名报关员，请为代理上海骏达进出口有限公司报检、备好植物检疫证书，并在 2011 年 8 月 1 日填写报关单并向海关申报，具体运输信息见前述单据。其中，贸易方式为进料对口，大米的 H. S. 编码为 1006101110，备案号为 C22215401652，出口日期为 2011 年 8 月 6 日，许可证号：39479233724，批准文号：3748231072，该票货物净重 1 800 KGS，保费 500 USD，分提单号：HJSHBI142939B，如表 3-15 所示。

表 3-15

中华人民共和国出入境检验检疫
出境货物报检单

报检单位（加章）：　　　　　　　　　　　　　　　　*编号_____

报检单记号：　　　联系人：　　　电话：　　　　　报检日期：　　年　月　日

发货人	（中文）
	（外文）

（续表）

收货人	（中文）					
	（外文）					
货物名称(中/外文)		H. S. 编码	产地	重量	货物总值	包装种类及数量

运输工具名称号码			贸易方式		货物存放地点	
合同号			信用证号		用途	食用
发货日期	2011/8/6	输往国家（地区）		许可证/审批号		
启运地		到达口岸		生产单位注册号		
集装箱规格、数量及号码						

合同、信用证订立的检验检疫条款或特殊要求	标记及号码	随附单据（划"√"或补填）	
		□ 合同 □ 信用证 □ 发票 □ 换证凭单 □ 装箱单 □ 厂检单	□ 包装性能结果单 □ 许可/审批文件 □ □ □ □

需要证单名称(划"√"或补填)		* 检验检疫费	
□品质证书　　__正__副 □重量证书　　__正__副 □数量证书　　__正__副 □兽医卫生证书　__正__副 □健康证书　　__正__副 □卫生证书　　__正__副 □动物卫生证书　__正__副	□植物检疫证书　__正__副 □熏蒸/消毒证书　__正__副 □出境货物换证凭单　__正__副 □ □ □ □	总金额（人民币元）	
		计费人	
		收费人	

报检人郑重声明： 1. 本人被授权报检。 2. 上列填写内容正确属实,货物无伪造或冒用他人的厂名、标志、认证标志,并承担货物质量责任。 　　　　　　　　　　　　签名：_____	领取证单	
	日期	
	签名	

注：有"＊"号栏由出入境检验检疫机关填写。　　　　　　　◆国家出入境检验检疫局制

[1-2 (2000.1.1)]

（2）请替出入境检验检疫局签发植物检验检疫证书，如表 3-16 所示。

表 3-16

中华人民共和国出入境检验检疫
ENTRY-EXIT INSPECTION AND QUARANTINE
OF THE PEOPLE'S REPUBLIC OF CHINA

正 本
ORIGINAL

植 物 检 疫 证 书
PHYTOSANITARY CERTIFICATE

编号 No. 321300206029755

发货人名称及地址
Name and Address of Consignor   1.   HUAIYIN DISTRICT JINAN

收货人名称及地址
Name and Address of Consignee   2.   OAD PHYATHAI, BANGKOK

品名   植物学名
Name of Produce   3.   Botanical Name of Plants***

报检数量
Quantity Declared _____

包装种类及数量   标记及号码
Number and Type of Packages   4.   Mark & No.

产地   N/M
Place of Origin   5.

到达口岸
Port of Destination   6.

运输工具   检验日期
Means of Conveyance   7.   Date of Inspection   NOV. 24, 2006

兹证明上述植物、植物产品或其他检疫物已经按照规定程序进行检查和/或检验，被认为不带有输入国或地区规定的检疫性有害生物，并且基本不带有其他的有害生物，因而符合输入国或地区现行的植物检疫要求。

This is to certify that the plants, plant products or other regulated articles described above have been inspected and/or tested according to appropriate procedures and are considered to be free from quarantine pests specified by the importing country/region, and practically free from other injurious pests; and that they are considered to conform with the current phytosanitary requirements of the importing country/region.

杀虫和/或灭菌处理 DISINFESTATION AND/OR DISINFECTION TREATMENT

日期   药剂及浓度
Date _____***_____   Chemical and Concentration _____***_____

处理方法   持续时间及温度
Treatment _____***_____   Duration and Temperature _____***_____

附加声明 ADDITIONAL DECLARATION
****

签证地点 Place of Issue   ZHENJIANG   签证日期 Date of Issue   NOV. 24, 2006

印章
Official Stamp   授权签字人 Authorized Officer   WANG FUHAI   签名 Signature

中华人民共和国出入境检验检疫机关及其官员或代表不承担签发本证书的任何财经责任。No financial liability with respect to this certificate shall attach to the entry-exit inspection and quarantine authorities of the P. R. of China or to any of its officers or representatives.

A   0698776   [e 5-1(2000.1.1)]

（3）填制出口货物报关单并请执上述单据及通关单等向海关报关，如表 3-17 所示。

表 3-17　　　　　　　　　　中华人民共和国海关出口货物报关单

预录入编号：　　　　　　　　　　　　　　　　　　　　　海关编号：

出口口岸		备案号		出口日期		申报日期
经营单位		运输方式	运输工具名称		提运单号	
发货单位		贸易方式		征免性质		结汇方式
许可证号	运抵国(地区)		指运港		境内货源地	
批准文号	成交方式		运费	保费		杂费
合同协议号	件数		包装种类	毛重(千克)		净重(千克)
集装箱号	随附单据			生产厂家		

标记唛码及备注

项号	商品编号	商品名称、规格型号	数量及单位	最终目的国(地区)	单价	总价	币制	征免

税费征收情况

录入员　　　　录入单位	兹声明以上申报无讹并承担法律责任	海关审单批注及放行日期(签章)
报关员 单位地址	申报单位(签章)	审单　　　　　审价 征税　　　　　统计
邮编　　　电话　　　填制日期		查验　　　　　放行

（海关审批区印章：上海吴淞海关 验讫章）

（4）备齐出口报关所需单证有哪些？

＿＿＿＿＿＿、＿＿＿＿＿＿、＿＿＿＿＿＿、＿＿＿＿＿＿、＿＿＿＿＿＿、＿＿＿＿＿＿、＿＿＿＿＿＿

（5）现场报关。

a. 报关员在_____签字，携带_____等单据到现场报关。

b. 海关在_____和_____和_____单据上签字盖章。

c. 报关员将_____等单据交给货代员。

任务六　提单确认

任务描述　通关后，货代提供给码头通关单及场站收据联单，码头在场站收据正本签字，货物装船，装船完毕，大副签发大副收据，之后船代填写提单及提单确认书，货代审核。请你以船代的身份填写提单确认书。

操作步骤　填写提单确认书，如表 3-18 所示。

表 3-18　　　　　　　　　　提单确认通知书

TO：百通货代公司

时间：

Shipper　发货人：		B/L NO. 提单号	
		选择提单是否电放	☐ 电放　　☐ 正本
Consignee　收货人：		客户编号	
		我司编号	
Notify Party　通知人：		发件人	
		提单类型	
VESSEL 船名航次：	Port of Loading 起运港：	备注 Note	
Port of Discharge 卸货港：	Final Destination 目的地：		
Marks & Nos. 标记 与号码：	件数	Description of Goods Chinese or English 中英文货名	G. W. (kgs)毛重	Measurement 体积
费用确认：	USA 抬头：		RMB 抬头：
Tel： FAX： 公司名称：			

任务七　付费取单

任务描述　货物出运后,货代代缴各种费用,取回班轮公司提单。

请替船公司开具提单(M-B/L),如表 3-19 所示。

表 3-19

LLOYD TRIESTINO
DI NAVIGAZIONE S. P. A. - SEDE IN TRIESTE
Passeggio S. Andrea, 4 - 34123 TRIESTE（Italia)
Reg. Impr. TS n. 835 Trib, TS- C. F, e P. IVA 00047820329

BILL　OF　LADING
NOT NEGOTIABLE UNLESS CONSIGNED TO ORDER

(2) Shipper/Exporter		(5) Document No.
	Shipper code	(6) Export References
(3) Consignee（complete name and address)/（unless provided otherwise , a consignment & To Orders means To Order of Shipper.）		(7) Forwarding Agent-References
(4) Notify Party（complete name and address)		(8) Point and Country of Origin(for the Merchant's reference only)
	Notify code	(9) Also Notify Party（complete name and address)
(12) Pre-carriage by	(13) Place of Receipt/Date	In Witness Whereof, the undersigned, on behalf of Lloyd Triestino SpA, the Master and the Owner of the Vessel, has signed the number of Bill（s) of Lading stated below, all of this tenor and date, one of which being accomplished, the others to stand void.
(14) Ocean Vessel/Voy No.	(15) port of Loading	(10) Onward Inland Routing/Export Instructions(for the Merchant's reference only)
(16) Port of Discharge	(17) Place of Delivery	

Particulars furnished by the Merchant

(18) Container No. And Seal No. Marks & Nos	(19) Quantity And Kind of Packages	(20) Description of Goods	(21) Measurement（M³) Gross Weight（KGS)
CONTAINER NO. /SEAL NO.			
(22) TOTAL NUMBER OF CONTAINERS OR PACKAGES (IN WORDS)			(23) Declared Value $ _____ If Merchant enters actual value of Goods and pays the applicable ad valorem tariff rate, Carrier's package limitation shall not apply.

（续表）

(24) FREIGHT & CHARGES	Revenue Tons	Rate per	Prepaid	Collect
(25) B/L NO.	(27) Number of Original B(s)/L		(29) Prepaid at	(30) Collect at
	(28) Place of B(s)/L Issue/Date		(31) Exchange Rate	(32) Exchange Rate
(26) Service Type/Mode	(33) Laden on Board the Vessel			

(TERMS OF BILL OF LADING ARE CONTINUED ON THE BACK HEREOF AND ENLARGED VERSION OF BACK CLAUSE IS AVALABLE UPON REQUEST)

FORMNO. DOC 001－00

By ＿＿＿＿＿＿＿＿＿＿＿＿＿＿＿＿＿＿＿＿＿
As AGENTS FOR THE CARRIER LLOYD TRIESTINO SPA

任务八　办理保险

任务描述　货物装船后,应立即投保,请为上海杰诚商贸有限公司与上海骏达进出口有限公司分别填写投保单,向保险公司申请保险,提供相关资料,并与保险公司确立具有法律效应的契约,签订保险单。

操作步骤

（1）请为上海杰诚商贸有限公司填写投保单,向保险公司申请保险,提供相关资料,并与保险公司确立具有法律效应的契约,签订保险单,如表 3-20 和表 3-21 所示。

表 3－20

中国人民保险公司上海分公司

THE PEOPLE'S INSURANCE COMPANY OF CHINA, SHANGHAI BRANCH

出口货物运输保险投保单

Application From form Export Marine Cargo Insurance

发票编号：
Invoice No.：

被保险人名称、地址：
Name & Address of Applicant：

标记及号码 Marks & Numbers	件数 Quantity	物品名称 Descriptions of Goods	保险金额 Insured Amount
运输工具（及运载工具） Carrying vessel and Connection	起运日期 Date of Departure	赔款偿付地点 Claim payable at	

（续表）

运输路线 Voyage	自 From	经 Via	到 To	转载地点 Port of Transhipment	
投保险别： Condition: **FOR 110% OF THE INVOICE VALUE COVERING ALL RISKS AS PER P. I. C. C. DATE 1/1/1981**				投保单位签章： Applicant's Signature 　　　年　　月　　日	

表 3-21

中国人民保险公司
THE PEOPLE'S INSURANCE COMPANY OF CHINA

总公司设于北京　　一九四九年创立
Head Office：BEIJING　Established in 1949

保　险　单　　　　　　　　　保险单次号次 SH058812
INSURANCE POLICY　　　　　POLICY No.

中　国　人　民　保　险　公　司　（　以　下　简　称　本　公　司　）
THIS POLICY OF INSURANCE WITNESSES THAT PEOPLE'S INSURANCE OF CHINA（HEREINAFTER CALLED."THE COMPANY"）

根　据
AT THE REQUEST OF _____

（　以　下　简　称　被　保　险　人　）　的　要　求，由　被　保　险　人　向　本　公　司　缴　付　约
（HEREINAFTER CALLED "THE INSURED" AND IN CONSIDERATION OF THE AGREED PREMIUM PAIP TO THE COMPANY

定　的　保　险　费，按　照　本　保　险　单　承　保　险　别　和　背　面　所　载　条　款　与　下　列
BY THE INSURED UNDERTAKES TO INSURE THE UNDERMENTIONED GOODS IN TRANSPORTATION SUBJECT TO THE

特　款　承　保　下　述　货　物　运　输　保　险，特　立　本　保　险　单　。
CONDITIONS OF THIS POLICY . AS PER THIS CLAUSES PRINTED OVERLEAF AND OTHER SPECAL CLAUSES ATTACHED

标记 MARK & NOS.	保险及数量 QUZNTITY	保险货物项目 DESCRIPTION OF GOODS	保险金额 AMOUNT INSURED

保　险　金　额：
TOTAL AMOUNT INSURED:

保费　　　　　　　　　费率　　　　　　　　装载运输工具
PREMIUM **AS ARRANGED**　RATE **AS ARRANGED**　PER CONVEYANCE S. S. _____

开　航　日　期　　　　　　　　自　　　　　　　　　至
SLG. IN OR ABT. _____　FROM _____　TO _____

承　保　险　别：
CONDITIONS: <u>FOR 110% OF THE INVOICE VALUE COVERING ALL RISKS AS PER P. I. C. C. DATE 1/1/1981</u>

所　保　货　物，如　遇　出　险，本　公　司　凭　保　险　单　及　其　他　有　关　证　件　给　付　赔
CLAIMS IF ANY PAYABLE ON SURPENDER OF THIS POLICY TO GETEHER WITH OTHER RELEVANT EVANT DOCUMENTS IN THE EVENT OF

偿　。所　保　货　物，如　果　发　生　本　保　险　单　项　下　负　责　赔　偿　的　损　失　或　事　故，
ACCIDENT WHEREBY LOSS OR DAMAGE MAY RESULT IN A CLAM UNDER THIS POLICY IMMEDIATE NOTICE APPLY ING FOR SURVEY MUST

（续表）

应立即通知本公司下属代理人查勘。
BE GIVEN TO THE COMPANYS AGENT AS MENTIONED HEREUNDER

THE PEOPLE'S INSURANCE OF CHINA MONTREAL BRANCH

TEL：128-543657

赔 偿 地 点 CLALAM PAYABLE AT _____	中国人民保险公司上海分公司 THE PEOPLE'S INSURANCE OF CHINA SHANGHAI BRANCH
日期 DATE _____	General manager 王 琳

（2）请为上海骏达进出口有限公司填写投保单，向保险公司申请保险，提供相关资料，并与保险公司确立具有法律效应的契约，签订保险单，如表3-22和表3-23所示。

表 3-22　　　　　中国人民保险公司上海分公司

THE PEOPLE'S INSURANCE COMPANY OF CHINA, SHANGHAI BRANCH

出口货物运输保险投保单

Application From form Export Marine Cargo Insurance

发票编号：
Invoice No.：

被保险人名称、地址： Name & Address of Applicant:			
标记及号码 Marks & Numbers	件数 Quantity	物品名称 Descriptions of Goods	保险金额 Insured Amount
运输工具（及运载工具） Carrying vessel and Connection	起运日期 Date of Departure		赔款偿付地点 Claim payable at
运输路线 Voyage	自 经 到 From Via To	转载地点 Port of Transhipment	
投保险别： Condition： **FOR 110% OF THE INVOICE VALUE COVERING ALL RISKS AS PER P. I. C. C. DATE 1/1/1981**	投保单位签章： Applicant's Signature 年　　月　　日		

表 3-23　　　　　中国人民保险公司

THE PEOPLE'S INSURANCE COMPANY OF CHINA

总公司设于北京　　　一九四九年创立
Head Office：BEIJING　Established in 1949

保 险 单　　　　　　保险单次号次 SH058812
INSURANCE POLICY　　　　POLICY No.

中　国　人　民　保　险　公　司　（　以　下　简　称　本　公　司　）
THIS POLICY OF INSURANCE WITNESSES THAT PEOPLE'S INSURANCE OF CHINA（HEREINAFTER CALLED ."THE COMPANY"）

（续表）

根　　据

AT THE REQUEST OF _____

（以 下 简 称 被 保 险 人 ）的 要 求 ，由 被 保 险 人 向 本 公 司 缴 付 约

(HEREINAFTER CALLED " THE INSURED " AND IN CONSIDERATION OF THE AGREED PREMIUM PAIP TO THE COMPANY

定 的 保 险 费 ， 按 照 本 保 险 单 承 保 险 别 和 背 面 所 载 条 款 与 下 列

BY THE INSURED UNDERTAKES TO INSURE THE UNDERMENTIONED GOODS IN TRANSPORTATION SUBJECT TO THE

特 款 承 保 下 述 货 物 运 输 保 险 ， 特 立 本 保 险 单 。

CONDITIONS OF THIS POLICY . AS PER THIS CLAUSES PRINTED OVERLEAF AND OTHER SPECAL CLAUSES ATTACHED

标记 MARK & NOS.	保险及数量 QUZNTITY	保险货物项目 DESCRIPTION OF GOODS	保险金额 AMOUNT INSURED

保 险 金 额 ：

TOTAL AMOUNT INSURED：

保费　　　　　　　　　费率　　　　　　　　装载运输工具

PREMIUM　AS ARRANGED　　RATE　AS ARRANGED　PER CONVEYANCE S. S. _____

开 航 日 期　　　　　　　自　　　　　　　　　　至

SLG. IN OR ABT. _____FROM _____TO _____

承 保 险 别 ：

CONDITIONS：FOR 110% OF THE INVOICE VALUE COVERING ALL RISKS AS PER P. I. C. C. DATE 1/1/1981

所 保 货 物 ， 如 遇 出 险 ， 本 公 司 凭 保 险 单 及 其 他 有 关 证 件 给 付 赔

CLAIMS IF ANY PAYABLE ON SURPENDER OF THIS POLICY TO GETETHER WITH OTHER RELEVANT EVANT DOCUMENTS IN THE EVENT OF

偿 。 所 保 货 物 ， 如 果 发 生 本 保 险 单 项 下 负 责 赔 偿 的 损 失 或 事 故 ，

ACCIDENT WHEREBY LOSS OR DAMAGE MAY RESULT IN A CLAM UNDER THIS POLICY IMMEDIATE NOTICE APPLY ING FOR SURVEY MUST

应 立 即 通 知 本 公 司 下 属 代 理 人 查 勘 。

BE GIVEN TO THE COMPANYS AGENT AS MENTIONED HEREUNDER

THE PEOPLE'S INSURANCE OF CHINA MONTREAL BRANCH

　　　　　TEL：128-543657

赔 偿 地 点　　　　　　　　　　　　中国人民保险公司上海分公司

CLALAM PAYABLE AT _____　THE PEOPLE'S INSURANCE OF CHINA SHANGHAI BRANCH

日期　　　　　　　　　　　　　　　　General manager　王　琳

DATE _____

任务九　开具分提单

任务描述　集装箱拼箱是由若干个发货人和收货人的货物所组成,集拼经营人分别缮制相对应的分提单(House bill of lading)。

（1）请为上海杰诚商贸有限公司开具分提单(H-B/L),分提单号：HJSHBI 142939A,如表3-24所示。

表 3-24　　上海杰诚商贸有限公司海运分提单(House Bill of Lading)

LLOYD TRIESTINO
DI NAVIGAZIONE S. P. A. - SEDE IN TRIESITE
Passeggio S. Andrea, 4 - 34123 TRIESTE (Italia)
Reg. Impr. TS n. 835 Trib, TS-C. F, e P. IVA 00047820329

BILL OF LADING
NOT NEGOTIABLE UNLESS CONSIGNED TO ORDER

(2) Shipper/Exporter		(5) Document No.
	Shipper code	(6) Export References
(3) Consignee (complete name and address)/(unless provided otherwise , a consignment & To Orders means To Order of Shipper.)		(7) Forwarding Agent-References
(4) Notify Party (complete name and address)		(8) Point and Country of Origin(for the Merchant's reference only)
	Notify code	(9) Also Notify Party (complete name and address)
(12) Pre-carriage by	(13) Place of Receipt/Date	In Witness Whereof, the undersigned, on behalf of Lloyd Triestino SpA, the Master and the Owner of the Vessel, has signed the number of Bill(s) of Lading stated below, all of this tenor and date, one of which being accomplished, the others to stand void.
(14) Ocean Vessel/Voy No.	(15) port of Loading	(10) Onward Inland Routing/Export Instructions(for the Merchant's reference only)
(16) Port of Discharge	(17) Place of Delivery	

Particulars furnished by the Merchant

(18) Container No. And Seal No. Marks & Nos	(19) Quantity And Kind of Packages	(20) Description of Goods	(21) Measurement (M³) Gross Weight (KGS)
CONTAINER NO. /SEAL NO. (22) TOTAL NUMBER OF CONTAINERS OR PACKAGES (IN WORDS)			(23) Declared Value $ _____ If Merchant enters actual value of Goods and pays the applicable ad valorem tariff rate, Carrier's package limitation shall not apply.

(24) FREIGHT & CHARGES	Revenue Tons	Rate	per	Prepaid	Collect

（续表）

(25) B/L NO.	(27) Number of Original B(s)/L	(29) Prepaid at	(30) Collect at
	(28) Place of B(s)/L Issue/Date	(31) Exchange Rate	(32) Exchange Rate
(26) Service Type/Mode	(33) Laden on Board the Vessel		

（TERMS OF BILL OF LADING ARE CONTINUED ON THE BACK HEREOF AND ENLARGED VERSION OF BACK CLAUSE IS AVALABLE UPON REQUEST）

FORMNO. DOC 001 - 00

By _____

As AGENTS FOR THE CARRIER LLOYD TRIESTINO SPA

（2）请为上海骏达进出口有限公司开具分提单(H-B/L)，分提单号：HJSHBI 142939B，如表 3-25 所示。

表 3-25　　　　上海骏达进出口有限公司海运分提单(House Bill of Lading)

LLOYD TRIESTINO

DI NAVIGAZIONE S. P. A. - SEDE IN TRIESIE
Passeggio S. Andrea, 4 - 34123 TRIESTE（Italia）
Reg. Impr. TS n. 835 Trlb., TS- C. F, e P. IVA 00047820329

BILL OF LADING

NOT NEGOTIABLE UNLESS CONSIGNED TO ORDER

（2）Shipper/Exporter		（5）Document No.
		（6）Export References
	Shipper code	
（3）Consignee（complete name and address）/（unless provided other wise，a consignment & To Orders means To Order of Shipper.）		（7）Forwarding Agent-References
（4）Notify Party（complete name and address）		（8）Point and Country of Origin(for the Merchant's reference only)
		（9）Also Notify Party（complete name and address）
	Notify code	
（12）Pre-carriage by	（13）Place of Receipt/Date	In Witness Whereof, the undersigned, on behalf of Lloyd Triestino SpA, the Master and the Owner of the Vessel, has signed the number of Bill(s) of Lading stated below, all of this tenor and date, one of which being accomplished, the others to stand void.
（14）Ocean Vessel/Voy No.	（15）port of Loading	（10）Onward Inland Routing/Export Instructions(for the Merchant's reference only)
（16）Port of Discharge	（17）Place of Delivery	
Particulars furnished by the Merchant		

（续表）

(18) Container No. And Seal No. Marks & Nos	(19) Quantity And Kind of Packages	(20) Description of Goods		(21) Measurement (M^3) Gross Weight (KGS)
CONTAINER NO. /SEAL NO. (22) TOTAL NUMBER OF CONTAINERS OR PACKAGES (IN WORDS)				(23) Declared Value $ _____ If Merchant enters actual value of Goods and pays the applicable ad valorem tariff rate, Carrier's package limitation shall not apply.
(24) FREIGHT & CHARGES	Revenue Tons	Rate　　per	Prepaid	Collect
(25) B/L NO.	(27) Number of Original B(s)/L	(29) Prepaid at	(30) Collect at
	(28) Place of B(s)/L Issue/Date	(31) Exchange Rate	(32) Exchange Rate
(26) Service Type/Mode	(33) Laden on Board the Vessel		

(TERMS OF BILL OF LADING ARE CONTINUED ON THE BACK HEREOF AND ENLARGED VERSION OF BACK CLAUSE IS AVALABLE UPON REQUEST)

FORMNO. DOC 001－00

By _____

As AGENTS FOR THE CARRIER LLOYD TRIESTINO SPA

四、项目完成效果评价,如图表 3-26 所示(指导教师用)

表 3-26　　　　　　项目 3　过程性评价考核评分表(指导教师用)

姓名			班级		学号	
评价指标	考核项目		考核内容与标准		权重分值	得分
	1. 组织纪律性		遵守实训纪律,不迟到早退和缺席,服从指导教师的安排		5	
	2. 工作的积极性、主动性和责任感		工作积极、主动、任劳任怨,有很强的责任感		5	
	3. 专业知识与技能的掌握情况		接单报价		10	
			订舱		10	
			填写进仓通知单		10	
			装箱集港		10	

（续表）

姓名		班级		学号	
评价指标	考核项目	考核内容与标准		权重分值	得分
	3. 专业知识与技能的掌握情况	代理报检报关		10	
		提单确认		10	
		付费取单		10	
		办理保险		10	
		开具分提单		10	
总分：				100	
指导教师评语： 　　　　　　　　　　　　　　　　　　　　　　指导教师签字： 　　　　　　　　　　　　　　　　　　　　　　　　年　　月　　日					

项目 4　CIF 玉米淀粉和小麦淀粉拼箱出口海运代理业务操作

一、实训目标

1. 会依据运价表计算拼箱运费
2. 会缮制集装箱托运单,并办理订舱业务
3. 能够审核设备交接单,并办理提取空箱业务
4. 会缮制集装箱装箱单,并办理装箱业务
5. 能够办理货物集港业务过程中各种单据的交接
6. 能够缮制报关单,并完成代理报检报关业务
7. 能够缮制保险单,并完成代理保险业务
8. 能够缮制审核提单,并办理付费取单业务

二、背景资料

1. 中粮集团有限公司有一批玉米淀粉出口到中国台湾地区台中市,想委托上海泛诚货运代理有限公司办理海上运输等事宜,进口商为 JING TONG ENTERPRISE CO., LTD.,地址：NO.18,21RD., TAICHUNG INDUSTRIAL ZONE TAICHUNG, TAIWAN,中粮集团有限公司向上海泛诚货运代理有限公司提供了一份货运委托书、发票、报关委托书等,请上海泛诚货运代理有限公司代理运输、报价并在指定时间保证货物安全上船。中粮集团有限公司提供的单据,如表 4-1 至表 4-3 所示。

（1）代理报关委托书。

表 4-1　　　　　　　　　　　　　　代理报关委托书

编号：2200004510976

我单位现(A. 逐票　B. 长期)委托贵公司代理通关事宜(A. 报关查验　B. 垫缴税款　C. 办理海关证明联　D. 审批手册　E. 核销手册　F. 申办减免税手续　G. 其他),详见《委托报关协议》。

我单位保证遵守《海关法》和国家有关法规,保证所提供的情况真实、完整、单货相符。否则,愿承担相关法律责任。

本委托书有效期自签字之日起至 2011 年 11 月 25 日止。

中粮集团有限公司

委托方(签章)：**COFCO CORPORATION**

法定代表或其授权签署《代理报关委托书》的人(签字)　**王海波**

2011 年 03 月 15 日

委托报关协议

为明确委托报关具体事项和各自责任,双方经平等协议商定协议如下:

委托方	中粮集团有限公司	被委托人	上海泛诚货运代理有限公司	
主要货物名称	玉米淀粉	＊报关单编号		
H.S编码	1108120000	收到单证日期	2011 年 07 月 16 日	
进出口日期	2011 年 08 月 10 日	收到单证情况	合同☑	发票☑
提单号	HJSHBI 142939		装箱清单☑	提(运)单□
贸易方式	进料对口		加工贸易手册□	许可证件□
原产地/货源地	上海		其他	
传真号码	65785678	报关收费	人民币:80 元	

其他要求:	承诺说明:
背面所列通用条款是本协议不可分割的一部分,对本协议的签署构成了对背面条款的同意。	背面所列通用条款是本协议不可分割的一部分,对本协议的签署构成了对背面条款的同意。
委托方业务签章: 中粮集团有限公司 **COFCO CORPORATION 王 海 波** 经办人签章:2011 年 03 月 16 日 联系电话:65785678	被委方业务签章: **上海泛诚货运代理有限公司** 经办报关员签章:王路杰　2011 年 03 月 16 日 联系电话:56987452

(白联:海关留存、黄联:被委托方留存、红联:委托方留存)　　　　中国报关协会

(2) 发票。

表 4-2

发 票

中粮集团有限公司

COFCO CORPORATION

ADDRESS: COFCO FORTUNE PLAZA NO. 8CHAO YANG MEN SOUTH ST.

CHAO YANG, BEIJING, CHINA

Telephone:＋86-10-85006688

Fax:＋86-10-65278612

COMMERCIAL INVOICE

Messrs:

JING TONG ENTERPRISE CO., LTD.

NO. 18,21RD., TAICHUNG INDUSTRIAL

ZONE TAICHUNG, TAIWAN

INVOICE NO.:　08277898

DATE:　　　　JULY 18,2011

S/C NO.:　　06TM-0637

L/C NO.:　　LGU-0075

（续表）

FROM: ___SHANGHAI___ TO: ___TAICHUNG___

MARKS & NO.	DESCRIPTIONS OF GOODS	QUANTITY (CTNS)	UNIT PRICE (USD)	AMOUNT (USD)
N/M	CORN STARCH	200 CTNS	CIF TAICHUNG USD 100. 00/CTN	USD 20 000. 00
	TOTAL:	200 DTNS		USD 20 000. 00

TOTAL AMOUNT: SAY US DOLLARS TWENTY THOUSAND ONLY.

（3）货运代理委托书。

表 4-3　　　　　　　　货运代理委托书

经营单位（托运人）	COFCO CORPORATION ADDRESS: COFCO FORTUNE PLAZA NO. 8 CHAO YANG MEN SOUTH ST. CHAO YANG, BEIJING, CHINA TEL: +86-10-85006688; FAX: +86-10-65278612		百　通 编　号	JF0388811
提单 B/L 项目要求	Shipper 发货人： COFCO CORPORATION ADDRESS: COFCO FORTUNE PLAZA NO. 8 CHAO YANG MEN SOUTH ST. CHAO YANG, BEIJING, CHINA TEL: +86-10-85006688; FAX: +86-10-65278612			
	Consignee 收货人： JING TONG ENTERPRISE CO. , LTD. NO. 18, 21RD. , TAICHUNG INDUSTRIAL ZONE TAICHUNG, TAIWAN			
	Notify Party 通知人: THE SAME AS CONSIGNEE			

洋运费（　） Sea freight	预付(√)或(　)到付 Prepaid or Collect		提单份数	THREE	提单寄送地址	
起运港	SHANGHAI	目的港	TAICHUNG	可否转船		可否分批	
集装箱预配数		20'× 40'×		装运期限		有效期限	

标记唛码	包装件数	中英文货号 Description of goods	毛重 （千克）	尺码 （立方米）	成交条件 （总货价）
N/M	200 CTNS	CORN STARCH	4 000 KGS	6.6CBM	
			特种货物 □冷藏货	重　件：每件重量 □　大　　件 （长×宽×高）	

内装箱(CFS) 地址	宝山区蕰川公路 8888 号宝山杨行仓库 电话：6820682×215	特种集装箱：（　　　　）
		物资备妥日期
		物资进栈：　　　自送(√)或金发派送(　)

（续表）

门对门装箱地址		人民币结算单位账号	
		托运人签章：	
外币结算账号			
		电话	
声明事项		联系人	
		地址：	
		制单日期：　　年　　月　　日	

2. 中粮上海粮油进出口有限公司有一批小麦出口到中国台湾地区台中市,同样想委托上海泛诚货运代理有限公司办理海上运输等事宜,进口商为(台湾兴隆有限公司)XING LONG ENTERPRISE CO. ,LTD. 地址：NO. 100,ZHONGXING RD. ,TAICHUNG INDUSTRIAL ZONE, TAICHUNG, TAIWAN,最晚 2011 年 8 月 10 日装船,单件重量：25 KGS,单件货物尺寸：15×25×110 CM,总计 100 箱。中粮上海粮油进出口有限公司向上海泛诚货运代理有限公司提供了一份货运委托书、发票、报关委托书等,请上海泛诚货运代理有限公司代理运输、报价并在指定时间保证货物安全上船。中粮上海粮油进出口有限公司提供的单据,如表 4-4 至表 4-6 所示。

(1) 代理报关委托书。

表 4-4　　　　　　　　　　　　　代理报关委托书

编号：2200004510976

我单位现(A. 逐票　B. 长期)委托贵公司代理(A. 报关查验　B. 垫缴税款　C. 办理海关证明联 D. 审批手册　E. 核销手册　F. 申办减免税手续　G. 其他)通关事宜,详见《委托报关协议》。我单位保证遵守《海关法》和国家有关法规,保证所提供的情况真实、完整、单货相符。否则,愿承担相关法律责任。

本委托书有效期自签字之日起至 2011 年 10 月 2 日止。

中粮上海粮油进出口有限公司

委托方(签章)：CHINA NATIONAL CEREALS OIL
AND FOODSTUFFS LMP. &EXP. CO. ,LTD.

法定代表或其授权签署《代理报关委托书》的人(签字)　王海波
2011 年 08 月 01 日

委托报关协议

为明确委托报关具体事项和各自责任,双方经平等协议商定协议如下：

委托方	中粮上海粮油进出口有限公司	被委托人	上海泛诚货运代理有限公司	
主要货物名称	WHEAT STARCH	*报关单编号		
H. S. 编码	1108110000	收到单证日期	2011 年 08 月 02 日	
进出口日期	2011 年 08 月 10 日	收到单证情况	合同☑	发票☑
提单号	HJSHBI 142939B		装箱清单☑	提(运)单□
贸易方式	进料对口		加工贸易手册□	许可证件□
原产地/货源地	上海		其他	

（续表）

传真号码	65785678
其他要求：	

背面所列通用条款是本协议不可分割的一部分,对本协议的签署构成了对背面条款的同意。

委托方业务签章：
中粮上海粮油进出口有限公司
COFCO CORPORATION

经办人签章：2011 年 06 月 08 日
联系电话：65785678

报关收费	人民币：80 元
承诺说明：	

背面所列通用条款是本协议不可分割的一部分,对本协议的签署构成了对背面条款的同意。

被委托方业务签章：
上海泛诚货运代理有限公司

经办报关员签章：王路杰 2011 年 06 月 08 日

（白联：海关留存、黄联：被委托方留存、红联：委托方留存）　　　　　　中国报关协会

（2）发票。

表 4-5

中粮上海粮油进出口有限公司
CHINA NATIONAL CEREALS OIL AND FOODSTUFFS LMP. &EXP. CO. ,LTD.
NO. 11, HANKOU ROAD, HUANGPU, SHANGHAI, CHINA
TEL(86)021-63229760　FAX(86)21-16587497
COMMERCIAL INVOICE

Messrs：
CHINA NATIONAL CEREALS OIL
AND FOODSTUFFS
LMP. & EXP. CO. , LTD.
NO. 11, HANKOU ROAD, HUANGPU,
SHANGHAI, CHINA
TEL(86) 021-63229760
FAX(86) 21-16587497

INVOICE NO. ：	00151209
DATE：	JUNE 02,2011
S/C NO. ：	10JL8077S
L/C NO. ：	SD123456

FROM：　　SHANGHAI PORT　　　　　　TO：　　TAICHUNG PORT

MARKS & NO	DESCRIPTIONS OF GOODS	QUANTITY	UNIT PRICE	AMOUNT
S. T. C. USH012 TAICHUNG C/NO. 1-100	WHEAT STARCH	100 DOZS	CIF TAICHUNG USD 80/CTN	USD 8 000. 00
	TOTAL：	100 CTNS		USD 8 000. 00

TOTAL AMOUNT：SAY US DOLLARS EIGHT THOUSAND ONLY.
WE HEREBY CERTIFY THAT THE CONTENTS OF INVOICE HEREIN ARE TRUE AND CORRECT.

中粮上海粮油进出口有限公司
China National Cereals Oils and
Foodstuffs Imp. & Exp. Co. , Ltd.
王 海 波

（3）货运代理委托书。

表 4-6 货运代理委托书

<table>
<tr><td rowspan="2">经营单位
（托运人）</td><td colspan="2">CHINA NATIONAL CEREALS OIL AND FOODSTUFFS LMP. & EXP. CO. , LTD.
CHINA NATIONAL CEREALS OIL AND FOODSTUFFS LMP. & EXP. CO. , LTD.
NO. 11, HANKOU ROAD, HUANGPU, SHANGHAI, CHINA
TEL(86) 021-63229760 FAX(86) 21-16587497</td><td>百 通
编 号</td><td>JF0388811</td></tr>
<tr><td colspan="4"></td></tr>
<tr><td rowspan="3">提单 B/L
项目要求</td><td colspan="4">Shipper 发货人：
CHINA NATIONAL CEREALS OIL AND FOODSTUFFS LMP. &EXP. CO. ,LTD.
NO. 11, HANKOU ROAD, HUANGPU, SHANGHAI, CHINA
TEL(86) 021-63229760 FAX(86) 21-16587497</td></tr>
<tr><td colspan="4">Consignee 收货人：
XING LONG ENTERPRISE CO. ,LTD.
NO. 100, ZHONGXING RD. ,
TAICHUNG INDUSTRIAL ZONE, TAICHUNG, TAIWAN</td></tr>
<tr><td colspan="4">Notify Party 通知人：THE SAME AS CONSIGNEE</td></tr>
<tr><td>洋运费（ ）
Sea freight</td><td colspan="2">预付（√）或（ ）到付
Prepaid or Collect</td><td>提单份数</td><td>THREE</td><td>提单寄送地址</td><td></td></tr>
<tr><td>起运港</td><td colspan="2">SHANGHAI 目的港 TAICHUNG</td><td colspan="2">可否转船</td><td>可否分批</td><td></td></tr>
<tr><td>集装箱预配数</td><td colspan="2">20'× 40'×</td><td colspan="2">装运期限</td><td>有效期限</td><td></td></tr>
<tr><td>标记唛码</td><td>包装
件数</td><td>中英文货号
Description of goods</td><td colspan="2">毛重</td><td>尺码/
立方数</td><td>成交条件
（总货价）</td></tr>
<tr><td rowspan="3">S. T. C.
USH012
TAICHUNG
C/NO. 1-100</td><td rowspan="3">100CTNS</td><td rowspan="3">WHEAT STARCH</td><td colspan="2">2 500 KGS</td><td>4. 125 CBM</td><td></td></tr>
<tr><td colspan="2" rowspan="2">特种货物
□冷藏货
□危险品</td><td colspan="2">重 件：每件重量</td></tr>
<tr><td colspan="2">□ 大 件
（长×宽×高）</td></tr>
<tr><td rowspan="2">内装箱(CFS)
地址</td><td colspan="2" rowspan="2">宝山区蕰川公路 8888 号宝山杨
行仓库
电话：6820682×215</td><td colspan="2">特种集装箱：（ ）</td><td></td></tr>
<tr><td colspan="2">物资备妥日期</td><td>2011 年 08 月 01 日</td></tr>
<tr><td>门对门装箱
地址</td><td colspan="2"></td><td colspan="2">物资进栈：</td><td>自送（√）或金发派送（ ）</td></tr>
<tr><td rowspan="2">外币结算账号</td><td colspan="2" rowspan="2"></td><td colspan="2">人民币结算单位账号</td><td></td></tr>
<tr><td colspan="2">托运人签章：</td><td></td></tr>
<tr><td rowspan="3">声明事项</td><td colspan="2" rowspan="3"></td><td colspan="2">电话</td><td></td></tr>
<tr><td colspan="2">联系人：</td><td></td></tr>
<tr><td colspan="2">地 址：</td><td></td></tr>
<tr><td></td><td colspan="2"></td><td colspan="2">制单日期： 年 月 日</td><td></td></tr>
</table>

三、项目实施

任务一　接单报价

任务描述　接到货运委托信息后,货代发现由于货运量较小,便与出口商协商采用拼箱的方式运输,商品计费标准为 W/M,每 W/M 基本运费为 40 美元,BAF 为 10 美元,请根据货物信息计算代理运输产生的所有费用,并向货主报价海运费。

操作步骤

(1) 请计算中粮集团有限公司货物拼箱费用。拼箱费用计算如下:

单件货物体积:＿＿＿＿＿＿CBM

总毛重:＿＿＿＿＿KGS＝＿＿＿＿＿T

总体积:＿＿＿＿＿CBM

根据 W/M 规则,总毛重与总体积比较取较高点计算:

海运费＝＿＿＿＿＿＝USD＿＿＿＿＿

所以,该票货物拼箱费用为USD＿＿＿＿＿

(2) 请计算中粮上海粮油进出口有限公司货物拼箱费用。拼箱费用计算如下:

单件货物体积:＿＿＿＿＿CBM

总毛重:＿＿＿＿＿KGS＝＿＿＿＿＿T

总体积:＿＿＿＿＿CBM

根据 W/M 规则,总毛重与总体积比较取较高点计算:

海运费＝＿＿＿＿＿＝USD＿＿＿＿＿

所以,该票货物拼箱费用为USD＿＿＿＿＿

任务二　订舱

任务描述　请替该货代公司为该票拼箱货缮制集装箱托运单并向中国远洋订舱,船名:COSCO FORCE,航次:V. 020W。其中,Shipper 为泛诚货运代理有限公司上海分公司[FANCHENG FORWORDING CO. ,LTD. (SHANGHAI BRANCH)],Consignee 为该公司在海外的分部:FANCHENG FORWORDING CO. ,LTD. (TAICHUNG BRANCH)。

操作步骤

(1) 缮制集装箱托运单,如表 4-7 所示。

表 4-7　　　　　　　　　　　集装箱托运单

Shipper(发货人)	D/R　No.(编号)
Consignee(收货人)	
Notify Party(通知人)	

（续表）

Pre-carriage by （前程运输）	Place of Receipt （收货地点）	中国对外贸易运输总公司 装 货 单		第五联
Ocean Vessel （船名）	Voy. No. （航次）	Port of Loading （装货港）	Received by the Carrier the Total number of containers or other packages or units stated below to be transported subject to the terms and conditions of the Carrier's regular form of Bill of Lading (for Combined Transport or Port to Port shipment) which shall be deemed to be incorporated herein. Date（日期）：	

Port of Discharge （卸货港）	Place of Delivery （交货地点）	Final Destination for the Merchant's Reference （目的地）		
Container No. （集装箱号）	Seal No.（封志号） Marks & Nos （标记与号码）	No of containers or p'kgs （箱数或件数）	King of Package： Description of Goods （包装种类与货名）	Gross Weight 毛重（千克） / Measurement 尺码（立方米）

TOTAL NUMBER OFCONTAINERS OR PACKAGES (IN WORDS)
集装箱数或件数合计（大写）

FREIGHT & CHARGES （运费与附加费）	Revenue Tons （运费吨）	Rate （运费率）	Per(每)	Prepaid(运费预付)	Collect(到付)
EX. Rate(兑换率)	Prepaid at(预付地点)		Payable at(到付地点)		Place of Issue(签发地点)
	Total Prepaid(预付总额)		No. of Original B(s)/L （正本提单份数）		

Service Type on Receiving □—CY □—CFS □—DOOR	Service Type on Delivery □—CY □—CFS □—DOOR	Reefer Temperature Required （冷藏温度）	℉ ℃
TYPE OF GOODS（种类）	☑Ordinary.（普通） □Reefer.（冷藏） □Dangerous.（危险） □Auto.（裸装车辆） □Liquid.（液体） □Live Animal.（活动物） □Bulk.（散货） □	危险品	Class： Property： IMDG Code Page： UN No.：

可否转船：	可否分批：	
装期：	效期：	
金额：		
制单日期：		

任务三　填写进仓通知单

作为上海泛诚货运代理有限公司的一名业务员,请分别向中粮集团有限公司与中粮上海粮油进出口有限公司发出进仓通知单,安排货物进仓拼箱。

操作步骤

(1) 请填制进仓通知单并发送给中粮集团有限公司,相关信息见上述单据,进仓编号: CCLNGB0801001,玉米淀粉的 H.S. 编码为 118120000,集卡车牌号:沪 A_84624,要求最晚16:00 前送达仓库,如表 4-8 所示。

表 4-8　　　　　　　　　　　　进仓通知单

TO:　　　　　　　　　　　　　　　　　　　　　　　　进仓编号:

ATTN:王小姐

==

我司地址:　　　　　　　　　　　　　　　　　　邮编:

我司联系人:　　　　　　　　电话:　　　　　　传真:

===

订 舱 信 息

船名/航次:　　　　　　　　提单号:　　　　　　　　截关日:

总件数:　　　　　　　　　　毛重:　　　　　　　　　体积:

货物最晚送抵仓库时间:

送货地址:

电话:　　　　　　　　　　　　　　　　　　　　　联系方式:

送货车号:　　　　　　　　　　　　　　　　　　　司机电话:

品　　名	HS 编码	件数	毛重	体积	唛　　头

报关资料最晚寄至我司的时间:

(熏蒸、植检货需提前 3 个工作日、熏蒸货提前 2 个工作日、商检换单提前 1 个工作日)

注意事项:

1. 仓库收货时间:7:30~23:30,送货人凭右上角的进仓编号送货入仓。

2. 上述缺省栏内容,由发货人在进仓前填写完整,内容空白则仓库有权拒收货物。

3. 唛头无法辨识的货物,或外包装变形、湿损的货物仓库有权拒收或暂收。

4. 发货人送货时,如果每车有多种唛头款号的货物,请按照一定次序装车并提供相应说明。如果装车次序错乱而导致卸货时需要仓库分唛,仓库将收取 RMB 1 元/箱的分唛费,并以送货司机在回单上的签字为准。

5. 所送货物如在卸货、仓储、装箱时有特殊要求的,如食品、展览品、易碎品、高价值货请在备注栏内注明,食品、易碎品凭保函进仓。

（2）请填制进仓通知单并发送给中粮上海粮油进出口有限公司，相关信息见上述单据，进仓编号：CCLNGB0801002，小麦淀粉的 H.S. 编码为 1108110000，集卡车牌号：沪 A_84624，要求最晚 16:00 前送达仓库，如表 4-9 所示。

表 4-9 进 仓 通 知 单

TO： 进仓编号：

ATTN：王小姐

===

我司地址： 邮编：

我司联系人： 电话： 传真：

订 舱 信 息

船名/航次： 提单号： 截关日：

总件数： 毛重： 体积：

货物最晚送抵仓库时间：

送货地址：

电话： 联系方式：

送货车号： 司机电话：

品　名	H.S. 编码	件数	毛重	体积	唛　头

报关资料最晚寄至我司的时间：

（熏蒸、植检货需提前 3 个工作日、熏蒸货提前 2 个工作日、商检换单提前 1 个工作日）

注意事项：

1. 仓库收货时间：7:30～23:30，送货人凭右上角的进仓编号送货入仓。

2. 上述缺省栏内容，由发货人在进仓前填写完整，内容空白则仓库有权拒收货物。

3. 唛头无法辨识的货物，或外包装变形、湿损的货物仓库有权拒收或暂收。

4. 发货人送货时，如果每车有多种唛头款号的货物，请按照一定次序装车并提供相应说明。如果装车次序错乱而导致卸货时需要仓库分唛，仓库将收取 RMB 1 元/箱的分唛费，并以送货司机在回单上的签字为准。

5. 所送货物如在卸货、仓储、装箱时有特殊要求的，如食品、展览品、易碎品、高价值货请在备注栏内注明，食品、易碎品凭保函进仓。

任务四　装箱集港

任务描述　当船公司订舱确认后,货代要根据货运委托书等信息缮制集装箱装箱单,到堆场提取空箱,然后到货主指定仓库装箱,将重箱送到港口,货物存放在宝山杨行仓库内。集装箱船舶停靠外高桥第四期码头。集装箱设备交接单由中远船代发放。具体运输信息见场站收据联单之第五联。提箱日为 2011 年 8 月 5 日;集装箱空箱在亚太堆场;集装箱状况:正常;集装箱免费用箱期为 10 天,集卡车牌号:沪 A_84390;集卡司机:王兴国;堆场管理员:张晨远;中远船代制单员:刘丹。请根据所提供的信息,正确填制"集装箱发放/设备交接单出口联"中各相应栏目。

操作步骤

(1) 填写集装箱设备交接单,如表 4-10 所示。

表 4-10

集装箱设备交接单　　　　　　　　　　　　OUT　出场
EQUIPMENT INTERCHANGE RECEIPT

用箱人/运箱人(CONTAINER USER/HAULIER)		提箱地点(PLACE OF DELIVERY)		
提单号(B/L NO.)		返回/收箱地点(PLACE OF RETURN)		
船名/航次 (VESSEL/VOYAGE NO.)	集装箱号 (CONTAINER NO.)	尺寸/类型 (SIZE/TYPE)	营运人 (CNTR. OPTR)	
发往地点 (DELIVERED TO)	铅封号 (SEAL NO.)	免费期限 (FREE TIME PERIOD)	运载工具编号 (TRUCK. WAGON. BARGE NO.)	
出场目的/状态 (PPS OF GATE-OUT/STATUS)	进场目的/状态 (PPS OF GATE-IN/STATUS)		出场日期　　　进场日期 (TIME OUT)　　　(TIME IN)	
			月　日　时　/　月　日　时	
出场检查记录(INSPECTION AT THE TIME OF INTERCHANGE)				
普通集装箱 (GP CONTAINER)	冷藏集装箱 (RF CONTAINER)	特种集装箱 (SPECIAL CONTAINER)	发电机 (GEN SET)	
□正常(SOUND) □异常(DEFECTIVE)	□正常(SOUND) □异常(DEFECTIVE)	□正常(SOUND) □异常(DEFECTIVE)	□正常(SOUND) □异常(DEFECTIVE)	
损坏记录及代号(DAMAGE & CODE)	BR 破损 (BROKEN)	D 凹损 (DENT)	M 丢失 (MISSING)	DR　　DL 污箱　　危标 (DIRTY) (DG LABEL)

（续表）

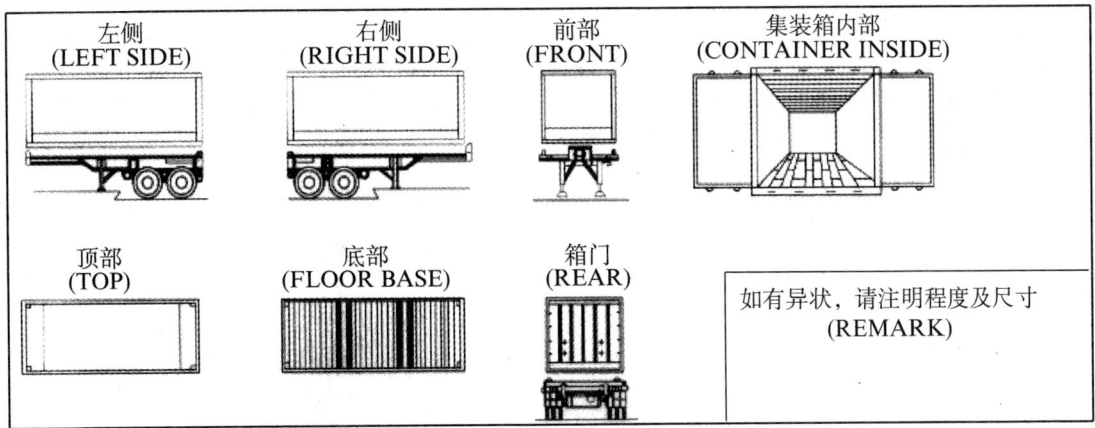

左侧 (LEFT SIDE)　右侧 (RIGHT SIDE)　前部 (FRONT)　集装箱内部 (CONTAINER INSIDE)

顶部 (TOP)　底部 (FLOOR BASE)　箱门 (REAR)

如有异状，请注明程度及尺寸 (REMARK)

除列明者外，集装箱及集装箱设备交接时好无损，铅封完整无误。
THE CONTAINER ASSOCIATED EOUIPMENT INTERCHANGED IN SOUND
CONDITION AND SEAL INTACT UNLESS OTHERWISE STATED

用箱人/运箱人签署　　　　　　　　　码头/堆场值班员签署
(CONTAINER USER/HAULIERS SIGNATURE)　　(TERMINAL/DEPOT CLERKS SIGNATURE)

（2）请以装箱人的身份，根据所提供的信息，正确填制集装箱装箱单中各相应栏目。具体运输信息见场站收据联单之第五联。装箱日为 2011 年 8 月 6 日；封志号：83068；仓库管理员：小张，如表 4-11 所示。

表 4-11

Reefer Temperature Required 冷藏温度			℃　　F	CONTAINER LOAD PLAN 装　箱　单			CHINA MARINE SHIPPING AGENCY SHANGHAI COMPANY 上海中外运船务代理有限公司 (2) Shipping Agent's Copy 船代联		
Class 等级	Latent rules page 危规页码	UN. NO. 联合国编号	Flaspoint 闪点						
Ship's Name/Voy No. 船名/航次				Port of Loading 装港	Port of Discharge 卸港	Place of Delivery 交货地	SHIPPER'S/PACKER'S DECLARATIONS：We hereby declare that the container has been thoroughly cleaned without any evidence of cargoes of previous shipment prior to vanning and cargoes has been properly stuffed and secured.		
Container No. 箱号				Bill of Lading No. 提单号	Packages & Packing 件数与包装	Gross Weight 毛重	Measurements 尺码	Description of Goods 货名	Marks & Numbers 唛头
Seal No. 封号				Front 前					

（续表）

Cont. Size 箱型 20' 40' 45'	Cont. Type. 箱类 GP=普通箱 TK=油罐箱 RF=冷藏箱 PF=平板箱 OT=开顶箱 HC=高箱 FR=框架箱 HT=挂衣箱				
ISO Code For Container Size/Type 箱型/箱类 ISO 标准代码					
Packer's Name/Address 装箱人名称/地址					
TEL NO. 电话号码	Door 门				
Packing Date　装箱日期	Received By Drayman 驾驶员签收及车号	Total Packages 总件数	Total Cargo Wt 总货重	Total Meas 总尺码	Remarks　备注
Packed BY 装箱人签名	Received By Terminals/ Date Of Receipt 码头收箱签收和收箱日期	Cont Tare Wt 集装箱皮重	Cgo/Cont Total Wt 货/箱总重量		

理货交船长

任务五　代理报检报关

任务描述　从货主委托信息看,货主要求货代代理报检报关。请为中粮集团有限公司与中粮上海粮油进出口有限公司分别填写报检单、报关单,并分别备好植物检疫证书。

操作步骤

1. 为中粮集团有限公司报检报关

（1）作为上海泛诚货运代理有限公司报关部门的一名报关员,请为中粮集团有限公司填写报检单、备好植物检疫证书,在 2011 年 8 月 1 日填写如下报关单并向海关申报,具体运输信息见前述单据。其中,贸易方式为进料对口,玉米淀粉的 H. S. 编码为 118120000,备案号为 C22215402075,出口日期为 2011/08/07,许可证号：39479231021,批准文号：374821787,该票货物净重 3 000 KGS,保费 USD 1 000,分提单号：HJSHBI142206A,如表 4-12 所示。

表 4-12

中华人民共和国出入境检验检疫
出境货物报检单

报检单位（加章）：　　　　　　　　　　　　　　　　　　* 编号 _____

报检单记号：　　　　联系人：　　　　电话：　　　　报检日期：　　年　月　日

发货人	（中文）	
	（外文）	
收货人	（中文）	
	（外文）	

货物名称（中/外文）	H.S.编码	产地	重量	货物总值	包装种类及数量

运输工具名称号码		贸易方式		货物存放地点	
合同号		信用证号		用途	食用
发货日期		输往国家（地区）		许可证/审批号	
启运地		到达口岸		生产单位注册号	
集装箱规格、数量及号码					

合同、信用证订立的检验检疫条款或特殊要求	标记及号码	随附单据（划"√"或补填）	
		□合同	□包装性能结果单
		□信用证	□许可/审批文件
		□发票	□
		□换证凭单	□
		□装箱单	□
		□厂检单	□

需要证单名称（划"√"或补填）		* 检验检疫费	
□品质证书　　__正__副	□植物检疫证书　　__正__副	总金额（人民币元）	
□重量证书　　__正__副	□熏蒸/消毒证书　　__正__副		
□数量证书　　__正__副	□出境货物换证凭单　　__正__副		
□兽医卫生证书　__正__副	□	计费人	
□健康证书　　__正__副	□		
□卫生证书　　__正__副	□	收费人	
□动物卫生证书　__正__副	□		

（续表）

报检人郑重声明： 　1. 本人被授权报检。 　2. 上列填写内容正确属实,货物无伪造或冒用他人的厂名、标志、认证标志,并承担货物质量责任。 　　　　　　　　签名：＿＿＿＿＿＿＿	领取证单	
	日期	
	签名	

注：有"＊"号栏由出入境检验检疫机关填写。　　　　　◆国家出入境检验检疫局制

[1-2 (2000. 1. 1)]

（2）请替出入境检验检疫局签发植物检验检疫证书,如表4-13所示。

表4-13

中华人民共和国出入境检验检疫
ENTRY-EXIT INSPE CTION AND QUARANTINE
OF THE PEOPLE'S REPUBLIC OF CHINA

正本
ORIGINAL

植物检疫证书
PHYTOSANITARY CERTIFICATE

编号 No. 321300206029755

发货人名称及地址
Name and Address of Consignor ＿＿＿＿＿＿＿＿＿ HUAIYIN DISTRICT JINAN

收货人名称及地址
Name and Address of Consignee ＿＿＿＿＿＿ OAD PHYATHAI. BANGKOK

品名　　　　　　　　　　　　　植物学名
Name of Produce ＿＿＿＿＿＿＿Botanical Name of Plants***

报检数量
Quantity Declared ＿＿＿＿＿＿＿＿＿＿＿＿＿

包装种类及数量
Number and Type of Packages ＿＿＿＿＿＿＿

产地
Place of Origin ＿＿＿＿＿＿＿＿＿＿＿＿＿

到达口岸
Port of Destination ＿＿＿＿＿＿＿＿＿＿＿

标记及号码
Mark & No.

N/M

运输工具　　　　　　　　　　　检验日期
Means of Conveyance ＿＿＿＿＿＿＿＿＿＿ Date of Inspection NOV. 24,2006

　　兹证明上述植物、植物产品或其他检疫物已经按照规定程序进行检查和/或检验,被认为不带有输入国或地区规定的检疫性有害生物,并且基本不带有其他的有害生物,因而符合输入国或地区现行的植物检疫要求。

　　This is to certify that the plants, plant products or other regulated articles described above have been inspected and/or tested according to appropriate procedures and are considered to be free from quarantine pests specified by the importing country/region, and practically free from other injurious pests; and that they are considered to conform with the current phytosanitary requirements of the importing country/region.

　　　　　杀虫和/或灭菌处理 DISINFESTATION AND/OR DISINFECTION TREATMENT

日期　　　　　　　　　　　　　药剂及浓度
Date ＿＿＿***＿＿＿　　　　　Chemical and Concentration ＿＿＿***＿＿＿

处理方法　　　　　　　　　　　持续时间及温度
Treatment ＿***＿＿＿＿＿＿　　Duration and Temperature ＿＿＿***＿＿＿

（续表）

附加声明 ADDITIONAL DECLARATION

****

印章
Official Stamp　签证地点 Place of Issue ___ZHENJIANG___　签证日期 Date of Issue ___24 NOV. ,2006___

授权签字人 Authorized Officer ___WANG FUHAI___　签名 Signature _____

中华人民共和国出入境检验检疫机关及其官员或代表不承担签发本证书的任何财经责任。No financial liability with respect to this certificate shall attach to the entry-exit inspection and quarantine authorities of the P. R. of China or to any of its officers or representatives.

A　0698776　　　　　　　　　　　　　　　　　　　〔c 5-1(2000. 1. 1)〕

（3）填制出口货物报关单并请执上述单据及通关单等向海关报关，如表 4-14 所示。

表 4-14

中华人民共和国海关出口货物报关单

预录入编号：　　　　　　　　　　　　　　　　海关编号：SH0328446451

出口口岸		备案号		出口日期		申报日期	
经营单位		运输方式	运输工具名称		提运单号		
发货单位		贸易方式		征免性质		结汇方式	
许可证号	运抵国(地区)			指运港		境内货源地	
批准文号	成交方式		运费		保费		杂费
合同协议号	件数		包装种类		毛重(千克)		净重(千克)
集装箱号	随附单据				生产厂家		
标记唛码及备注							
项号　商品编号　商品名称、规格型号　数量及单位　最终目的国(地区)　单价　总价　币制　征免							

（续表）

税费征收情况				海关审单批注及放行日期(签章)
录入员	录入单位	兹声明以上申报无讹并承担法律责任		审单 上海吴淞海关 验讫章 审价
报关员 单位地址		申报单位(签章)		征税 统计
				查验 放行
邮编	电话	填制日期		

（4）备齐出口报关所需单证（教师可以以填空形式让学生完成）。

_____、_____、_____、_____、_____、_____、_____。

（5）现场报关。

a. 报关员在_____签字，携带_____等单据到现场报关。

b. 海关在_____、_____和_____单据上签字盖章。

c. 报关员将_____等单据交给货代员。

2. 代理中粮上海粮油进出口有限公司报检报关

（1）作为上海泛诚货运代理有限公司报关部门的一名报关员，请为中粮上海粮油进出口有限公司填写报检单、备好植物检疫证书，在2011年8月1日填写报关单并向海关申报，具体运输信息见前述单据。其中，贸易方式为进料对口，小麦淀粉的 H.S. 编码为1108110000，备案号为 C22215913659，出口日期为 2011/08/07，许可证号：13079233786，批准文号：3125231097，该票货物净重 2 000 KGS，保费 USD 400，分提单号：HJSHBI142206B，如表4-15 所示。

表4-15

中华人民共和国出入境检验检疫
出境货物报检单

报检单位（加章）：   *编号_____

报检单记号：   联系人：   电话：   报检日期：   年   月   日

发货人	（中文）
	（外文）
收货人	（中文）
	（外文）

货物名称（中/外文）	H.S. 编码	产地	重量	货物总值	包装种类及数量

（续表）

运输工具 名称号码			贸易方式			货物存放 地点	
合同号			信用证号			用途	食用
发货 日期		输往国家 （地区）		许可证/审批号			
启运地		到达口岸		生产单位注册号			
集装箱规格、 数量及号码							

合同、信用证订立的检验 检疫条款或特殊要求	标记及号码	随附单据（划"√"或补填）	
		□合同 □信用证 □发票 □换证凭单 □装箱单 □厂检单	□包装性能结果单 □许可/审批文件 □ □ □ □

需要证单名称（划"√"或补填）		* 检验检疫费	
□品质证书　　正　副 □重量证书　　正　副 □数量证书　　正　副 □兽医卫生证书　正　副 □健康证书　　正　副 □卫生证书　　正　副 □动物卫生证书　正　副	□植物检疫证书　正　副 □熏蒸/消毒证书　正　副 □出境货物换证凭单　正　副 □ □ □ □	总金额 （人民币元） 计费人 收费人	

报检人郑重声明： 　1. 本人被授权报检。 　2. 上列填写内容正确属实，货物无伪造或冒用他人的厂名、标志、认证标志，并承担货物质量责任。 　　　　　　　　签名：＿＿＿＿＿＿＿	领取证单	
	日期	
	签名	

注：有"＊"号栏由出入境检验检疫机关填写。

◆国家出入境检验检疫局制

[1-2（2000.1.1）]

（2）请替出入境检验检疫局签发植物检验检疫证书，如表 4-16 所示。

表 4-16

中华人民共和国出入境检验检疫

ENTRY-EXIT INSPE CTION AND QUARANTINE

OF THE PEOPLE'S REPUBLIC OF CHINA

正　本

ORIGINAL

植物检疫证书

PHYTOSANITARY CERTIFICATE

编号 No. 321300206029755

发货人名称及地址

Name and Address of Consignor ＿＿＿＿＿＿＿＿＿＿＿＿＿＿＿＿＿＿　HUAIYIN DISTRICT JINAN

（续表）

收货人名称及地址
Name and Address of Consignee _____ OAD PHYATHAI, BANGKOK

品名　　　　　　　　　　　　　　　植物学名
Name of Produce _____ Botanical Name of Plants***

报检数量
Quantity Declared _____

包装种类及数量
Number and Type of Packages _____

产地
Place of Origin _____

到达口岸
Port of Destination _____

运输工具　　　　　　　　　　　　　　检验日期
Means of Conveyance _____ Date of Inspection　NOV. 24, 2006

标记及号码
Mark & No.

N/M

　　兹证明上述植物、植物产品或其他检疫物已经按照规定程序进行检查和/或检验，被认为不带有输入国或地区规定的检疫性有害生物，并且基本不带有其他的有害生物，因而符合输入国或地区现行的植物检疫要求。

　　This is to certify that the plants, plant products or other regulated articles described above have been inspected and/or tested according to appropriate procedures and are considered to be free from quarantine pests specified by the importing country/region, and practically free from other injurious pests; and that they are considered to conform with the current phytosanitary requirements of the importing country/region.

杀虫和/或灭菌处理 DISINFESTATION AND/OR DISINFECTION TREATMENT

日期　　　　　　　　　　　　　　　药剂及浓度
Date _____ *** _____　　Chemical and Concentration _____ *** _____

处理方法　　　　　　　　　　　　　持续时间及温度
Treatment _____ *** _____　　Duration and Temperature _____ *** _____

附加声明 ADDITIONAL DECLARATION
****

印章
Official Stamp

签证地点 Place of Issue _____ ZHENJIANG _____　　签证日期 Date of Issue _____ NOV. 24, 2006 _____

授权签字人 Authorized Officer _____ WANG FUHAI _____　　签名 Signature _____

中华人民共和国出入境检验检疫机关及其官员或代表不承担签发本证书的任何财经责任。No financial liability with respect to this certificate shall attach to the entry-exit inspection and quarantine authorities of the P. R. of China or to any of its officers or representatives.

A 　0698776　　　　　　　　　　　　　　　　　　　［c 5-1(2000. 1. 1)］

（3）填制出口货物报关单并请执上述单据及通关单等向海关报关，如表 4-17 所示。

表 4-17

中华人民共和国海关出口货物报关单

预录入编号：　　　　　　　　　　　　　　　　　　　　海关编号：SH0328446451

出口口岸		备案号		出口日期		申报日期	
经营单位		运输方式	运输工具名称		提运单号		
发货单位		贸易方式		征免性质		结汇方式	
许可证号		运抵国（地区）		指运港		境内货源地	
批准文号		成交方式	运费		保费		杂费
合同协议号		件数		包装种类	毛重（千克）		净重（千克）
集装箱号		随附单据			生产厂家		
标记唛码及备注							

项号	商品编号	商品名称、规格型号	数量及单位	最终目的国（地区）	单价	总价	币制	征免

税费征收情况

录入员　　　　录入单位	兹声明以上申报无讹并承担法律责任	海关审单批注及放行日期（签章）
报关员 单位地址	申报单位（签章）	审单　（上海吴淞海关 验讫章）　审价 征税　　　　统计
邮编　　　电话　　　填制日期		查验　　　　放行

（4）备齐出口报关所需单证（教师可以以填空形式让学生完成）。

　　　　　　、　　　　　　、　　　　　　、　　　　　　、　　　　　　、　　　　　　、　　　　　　。

（5）现场报关。

a. 报关员在_____签字，携带_____等单据到现场报关。

b. 海关在_____、_____和_____单据上签字盖章。

c. 报关员将_____等单据交给货代员。

任务六 提单确认

任务描述 通关后，货代提供给码头通关单及场站收据联单，码头在场站收据正本签字，货物装船，装船完毕，大副签发大副收据，之后船代填写提单及提单确认书，货代审核。请你以船代的身份填写提单确认书。

操作步骤 填写提单确认书，如表4-18所示。

表4-18　　　　　　　　　　　　提单确认通知书

TO：上海泛诚货运代理有限公司
时间：

Shipper 发货人：		B/L NO.提单号：		
		选择提单是否电放：	□电放	□正本
Consignee 收货人：		客户编号：		
		我司编号：		
Notify Party 通知人：		发件人：		
		提单类型：		
Vessel Voyage 船名航次：	Port of Loading: 起运港：	备注 Note：		
Port of Discharge: 卸货港：	Final Destination: 目的港：			
Mark & Nos. 标记及号码：	件数	Description of goods Chinese or English 中英文货名	G. W.（kgs）毛重	Measurement 体积
费用确认：	USD抬头：		RMB抬头：	
Tel： FAX： 公司名称：				

任务七　付费取单

任务描述　货物出运后，货代代缴各种费用，取回班轮公司提单。

请替船公司开具提单(M-B/L)，如表 4-19 所示。

表 4-19

 **LLOYD TRIESTINO**
DI NAVIGAZIONE S. P. A. - SEDE IN TRIESTE
Passeggio S. Andrea, 4 ～ 34123 TRIESTE（Italia）
Reg. Impr. TS n. 835 Trib, TS-C. F, e P. IVA 00047820329

BILL OF LADING
NOT NEGOTIABLE UNLESS CONSIGNED TO ORDER

(2) Shipper/Exporter	(5) Document No.	
	(6) Export References	
Shipper code		
(3) Consignee（complete name and address）/（unless provided otherwise, a consignment & To Orders means To Order of Shipper.）	(7) Forwarding Agent-References	
(4) Notify Party（complete name and address）	(8) Point and Country of Origin(for the Merchant's reference only)	
	(9) Also Notify Party（complete name and address）	
Notify code		

(12) Pre-carriage by	(13) Place of Receipt/Date	In Witness Whereof, the undersigned, on behalf of Lloyd Triestino SpA, the Master and the Owner of the Vessel, has signed the number of Bill（s）of Loding stated below, all of this tenor and date, one of which being accomplished, the others to stand void.
(14) Ocean Vessel/Voy No.	(15) Port of Loading	(10) Onward Inland Routing/Export Instructions(for the Merchant's reference only)
(16) Port of Discharge	(17) Place of Delivery	

Particulars furnished by the Merchant

(18) Container No. And Seal No. Marks & Nos	(19) Quantity And Kind of Packages	(20) Description of Goods	(21) Measurement（M³） Gross Weight（KGS）
CONTAINER NO. /SEAL NO.			
(22) TOTAL NUMBER OF CONTAINERS OR PACKAGES (IN WORDS)			(23) Declared Value $ _____ If Merchant enters actual value of Goods and pays the applicable ad valorem tariff rate, Carrier's package limitation shall not apply.

（续表）

(24) FREIGHT & CHARGES	Revenue Tons	Rate　　　per	Prepaid	Collect
(25) B/L NO.	(27) Number of Original B(s)/L		(29) Prepaid at	(30) Collect at
	(28) Place of B(s)/L Issue/Date		(31) Exchange Rate	(32) Exchange Rate
(26) Service Type/Mode	(33) Laden on Board the Vessel			

FORM NO.　(TERMS OF BILL OF LADING ARE CONTINUED ON THE BACK HEREOF AND
DOC 001. 00　ENLARGED VERSION OF BACK CLAUSE IS AVAILABLE UPON REQUEST)

By

AS AGENTS FOR THE CARRIER LLOYD TRIESTINO SPA

任务八　办理保险

任务描述　货物装船后,应立即投保,请为中粮集团有限公司与中粮上海粮油进出口有限公司分别填写投保单,向保险公司申请保险,提供相关资料,并与保险公司确立具有法律效应的契约,签订保险单。

操作步骤

(1) 请为中粮集团有限公司填写投保单,向保险公司申请保险,提供相关资料,并与保险公司确立具有法律效应的契约,签订保险单,如表 4-20 和表 4-21 所示。

表 4-20　　　　中国人民保险公司上海分公司
THE PEOPLE'S INSURANCE COMPANY OF CHINA, SHANGHAI BRANCH
出口货物运输保险投保单
Application From form Export Marine Cargo Insurance

发票编号:
Invoice No:

被保险人名称、地址: Name & Address of Applicant:			
标记及号码 Marks & Numbers	件数 Quantity	物品名称 Descriptions of Goods	保险金额 Insured Amount
运输工具(及运载工具) Carrying vessel and Connection	起运日期 Date of Departure	赔款偿付地点 Claim payable at	

（续表）

运输路线 Voyage	自 From	经 Via	到 To	转载地点 Port of Transhipment	
投保险别： Condition： **FOR 110% OF THE INVOICE VALUE COVERING ALL RISKS AS PER P. I. C. C. DATE 1/1/1981**				投保单位签章： Applicant's Signature 年　　月　　日	

表 4-21

中国人民保险公司

THE PEOPLE'S INSURANCE COMPANY OF CHINA

总公司设于北京　　　一九四九年创立

Head Office：BEIJING　　Established in 1949

保 险 单　　　　　　　　　　　保险单次号次 SH058812

INSURANCE POLICY　　　　　　POLICY No.

中 国 人 民 保 险 公 司 （ 以 下 简 称 本 公 司 ）

THIS POLICY OF INSURANCE WITNESSES THAT PEOPLE'S INSURANCE OF CHINA（HEREINAFTER CALLED."THE COMPANY"）

根 据

AT THE REQUEST OF _____

（ 以 下 简 称 被 保 险 人 ） 的 要 求 ， 由 被 保 险 人 向 本 公 司 缴 付 约

（HEREINAFTER CALLED "THE INSURED" AND IN CONSIDERATION OF THE AGREED PREMIUM PAIP TO THE COMPANY

定 的 保 险 费 ， 按 照 本 保 险 单 承 保 险 别 和 背 面 所 载 条 款 与 下 列

BY THE INSURED UNDERTAKES TO INSURE THE UNDERMENTIONED GOODS IN TRANSPORTATION SUBJECT TO THE

特 款 承 保 下 述 货 物 运 输 保 险 ， 特 立 本 保 险 单 。

CONDITIONS OF THIS POLICY . AS PER THIS CLAUSES PRINTED OVERLEAF AND OTHER SPECAL CLAUSES ATTACHED

标记 MARK & NOS.	保险及数量 QUZNTITY	保险货物项目 DESCRIPTION OF GOODS	保险金额 AMOUNT INSURED

保 险 金 额：

TOTAL AMOUNT INSURED：

保费　　　　　　　　费率　　　　　　　装载运输工具

PREMIUM　AS ARRANGED　RATE　AS ARRANGED　PER CONVEYANCE S. S. _____

开 航 日 期　　　　　　　　自　　　　　　　　　　至

SLG. IN OR ABT. _____ FROM _____ TO _____

承保险别：

CONDITIONS：FOR 110% OF THE INVOICE VALUE COVERING ALL RISKS AS PER P. I. C. C. DATE 1/.1/1981

所 保 货 物 ， 如 遇 出 险 ， 本 公 司 凭 保 险 单 及 其 他 有 关 证 件 给 付 赔

CLAIMS IF ANY PAYABLE ON SURPENDER OF THIS POLICY TO GETETHER WITH OTHER RELEVANT EVANT DOCUMENTS IN THE EVENT OF

偿 。 所 保 货 物 ， 如 果 发 生 本 保 险 单 项 下 负 责 赔 偿 的 损 失 或 事 故 ，

ACCIDENT WHEREBY LOSS OR DAMAGE MAY RESULT IN A CLAM UNDER THIS POLICY IMMEDIATE NOTICE APPLY ING FOR SURVEY MUST

应 立 即 通 知 本 公 司 下 属 代 理 人 查 勘 。

BE GIVEN TO THE COMPANYS AGENT AS MENTIONED HEREUNDER

（续表）

THE PEOPLE'S INSURANCE OF CHINA MONTREAL BRANCH

TEL：128-543657

赔 偿 地 点

CLALAM PAYABLE AT _____

中国人民保险公司上海分公司

THE PEOPLE'S INSURANCE OF CHINA SHANGHAI BRANCH

日期

DATE _____

General manager 王 琳

（2）请为中粮上海粮油进出口有限公司填写投保单，向保险公司申请保险，提供相关资料，并与保险公司确立具有法律效应的契约，签订保险单，如表4-22和表4-23所示。

表 4-22 中国人民保险公司上海分公司

THE PEOPLE'S INSURANCE COMPANY OF CHINA, SHANGHAI BRANCH

出口货物运输保险投保单

Application From form Export Marine Cargo Insurance

发票编号：

Invoice No：

被保险人名称、地址： Name & Address of Applicant：			
标记及号码 Marks & Numbers	件数 Quantity	物品名称 Descriptions of Goods	保险金额 Insured Amount
运输工具（及运载工具） Carrying vessel and Connection		起运日期 Date of Departure	赔款偿付地点 Claim payable at
运输路线 Voyage	自　　　经　　　到 From　Via　To	转载地点 Port of Transhipment	
投保险别： Condition： **FOR 110% OF THE INVOICE VALUE COVERING ALL RISKS AS PER P. I. C. C. DATE 1/1/1981**		投保单位签章： Applicant's Signature 年　　月　　日	

表 4-23 中国人民保险公司

THE PEOPLE'S INSURANCE COMPANY OF CHINA

总公司设于北京 一九四九年创立

Head Office：BEIJING Established in 1949

保 险 单

INSURANCE POLICY

保险单次号次 SH058812

POLICY No.

中 国 人 民 保 险 公 司 （ 以 下 简 称 本 公 司 ）

THIS POLICY OF INSURANCE WITNESSES THAT PEOPLE'S INSURANCE OF CHINA（HEREINAFTER CALLED."THE COMPANY"）

（续表）

根　据
AT THE REQUEST OF _____
（ 以 下 简 称 被 保 险 人 ） 的 要 求 ， 由 被 保 险 人 向 本 公 司 缴 付 约
(HEREINAFTER CALLED " THE INSURED " AND IN CONSIDERATION OF THE AGREED PREMIUM PAIP TO THE COMPANY
定 的 保 险 费 ， 按 照 本 保 险 单 承 保 险 别 和 背 面 所 载 条 款 与 下 列
BY THE INSURED UNDERTAKES TO INSURE THE UNDERMENTIONED GOODS IN TRANSPORTATION SUBJECT TO THE
特 款 承 保 下 述 货 物 运 输 保 险 ， 特 立 本 保 险 单 。
CONDITIONS OF THIS POLICY . AS PER THIS CLAUSES PRINTED OVERLEAF AND OTHER SPECAL CLAUSES ATTACHED

标记 MARK & NOS.	保险及数量 QUZNTITY	保险货物项目 DESCRIPTION OF GOODS	保险金额 AMOUNT INSURED

保　险　金　额：
TOTAL AMOUNT INSURED:

保费　　　　　　　费率　　　　　　装载运输工具
PREMIUM　AS ARRANGED　RATE　AS ARRANGED　PER CONVEYANCE S. S. _____

开 航 日 期　　　　　　　　自　　　　　　　　至
SLG. IN OR ABT. _____ FROM _____ TO _____

承 保 险 别：
CONDITIONS: FOR 110% OF THE INVOICE VALUE COVERING ALL RISKS AS PER P. I. C. C. DATE 1/1/1981
所 保 货 物 ， 如 遇 出 险 ， 本 公 司 凭 保 险 单 及 其 他 有 关 证 件 给 付 赔
CLAIMS IF ANY PAYABLE ON SURPENDER OF THIS POLICY TO GETETHER WITH OTHER RELEVANT EVANT DOCUMENTS IN THE EVENT OF
偿 。 所 保 货 物 ， 如 果 发 生 本 保 险 单 项 下 负 责 赔 偿 的 损 失 或 事 故 ，
ACCIDENT WHEREBY LOSS OR DAMAGE MAY RESULT IN A CLAM UNDER THIS POLICY IMMEDIATE NOTICE APPLY ING FOR SURVEY MUST
应 立 即 通 知 本 公 司 下 属 代 理 人 查 勘 。
BE GIVEN TO THE COMPANYS AGENT AS MENTIONED HEREUNDER

THE PEOPLE'S INSURANCE OF CHINA MONTREAL BRANCH
　　　　TEL：128-543657

赔　偿　地　点　　　　　　　　　　　中国人民保险公司上海分公司
CLALAM PAYABLE AT _____　THE PEOPLE'S INSURANCE OF CHINA SHANGHAI BRANCH

日　期　　　　　　　　　　　　　General manager　王　琳
DATE _____

任务九　开具分提单

任务描述　集装箱拼箱是由若干个发货人和收货人的货物所组成,集拼经营人分别缮制相对应的分提单(House bill of lading)。

(1) 请为中粮集团有限公司开具分提单(H-B/L),分提单号：HJSHBI142206A,如表 4-24 所示。

表 4-24

LLOYD TRIESTINO
DI NAVIGAZIONE S. P. A. - SEDE IN TRIESTE
Passeggio S. Andrea, 4 - 34123 TRIESTE (Italia)
Reg. Impr. TS n. 835 Trib, TS-C. F, e P. IVA 00047820329

BILL OF LADING
NOT NEGOTIABLE UNLESS CONSIGNED TO ORDER

(2) Shipper/Exporter		(5) Document No.	
		(6) Export References	
	Shipper code		
(3) Consignee (complete name and address)/(unless provided otherwise, a consignment & To Orders means To Order of Shipper.)		(7) Forwarding Agent-References	
(4) Notify Party (complete name and address)		(8) Point and Country of Origin(for the Merchant's reference only)	
		(9) Also Notify Party (complete name and address)	
	Notify code		
(12) Pre-carriage by	(13) Place of Receipt/Date	In Witness Whereof, the undersigned, on behalf of Lloyd Triestino SpA, the Master and the Owner of the Vessel, has signed the number of Bill(s) of Loding stated below, all of this tenor and date, one of which being accomplished, the others to stand void.	
(14) Ocean Vessel/Voy No.	(15) Port of Loading	(10) Onward Inland Routing/Export Instructions(for the Merchant's reference only)	
(16) Port of Discharge	(17) Place of Delivery		

Particulars furnished by the Merchant

(18) Container No. And Seal No. Marks & Nos	(19) Quantity And Kind of Packages	(20) Description of Goods	(21) Measurement (M³) Gross Weight (KGS)
CONTAINER NO. /SEAL NO. (22) TOTAL NUMBER OF CONTAINERS OR PACKAGES (IN WORDS)			(23) Declared Value $ _____ If Merchant enters actual value of Goods and pays the applicable ad valorem tariff rate, Carrier's package limitation shall not apply.

(24) FREIGHT & CHARGES	Revenue Tons	Rate	per	Prepaid	Collect

（续表）

(25) B/L NO.	(27) Number of Original B(s)/L	(29) Prepaid at	(30) Collect at
	(28) Place of B(s)/L Issue/Date	(31) Exchange Rate	(32) Exchange Rate
(26) Service Type/Mode	(33) Laden on Board the Vessel		

FORM NO.　(TERMS OF BILL OF LADING ARE CONTINUED ON THE BACK HEREOF AND
DOC 001.00　ENLARGED VERSION OF BACK CLAUSE IS AVAILABLE UPON REQUEST)

By _____
AS AGENTS FOR THE CARRIER LLOYD TRIESTINO SPA

（2）请为中粮上海粮油进出口有限公司开具分提单（H-B/L），分提单号：HJSHBI142206B，
如表 4-25 所示。

表 4-25

LLOYD TRIESTINO
DI NAVIGAZIONE S. P. A. - SEDE IN TRIESTE
Passeggio S. Andrea, 4 - 34123 TRIESTE（Italia）
Reg. Impr. TS n. 835 Trib, TS-C. F, e P. IVA 00047820329

BILL OF LADING
NOT NEGOTIABLE UNLESS CONSIGNED TO ORDER

(2) Shipper/Exporter		(5) Document No.
		(6) Export References
	Shipper code	
(3) Consignee（complete name and address）/（unless provided otherwise, a consignment & To Orders means To Order of Shipper.）		(7) Forwarding Agent-References
(4) Notify Party（complete name and address）		(8) Point and Country of Origin（for the Merchant's reference only）
		(9) Also Notify Party（complete name and address）
	Notify code	
(12) Pre-carriage by	(13) Place of Receipt/Date	In Witness Whereof, the undersigned, on behalf of Lloyd Triestino SpA, the Master and the Owner of the Vessel, has signed the number of Bill(s) of Loading stated below, all of this tenor and date, one of which being accomplished, the others to stand void.
(14) Ocean Vessel/Voy No.	(15) Port of Loading	(10) Onward Inland Routing/Export Instructions（for the Merchant's reference only）
(16) Port of Discharge	(17) Place of Delivery	

（续表）

Particulars furnished by the Merchant			
(18) Container No. And Seal No. Marks & Nos	(19) Quantity And Kind of Packages	(20) Description of Goods	(21) Measurement (M³) Gross Weight (KGS)
CONTAINER NO. /SEAL NO. (22) TOTAL NUMBER OF CONTAINERS OR PACKAGES (IN WORDS)			(23) Declared Value $ _____ If Merchant enters actual value of Goods and pays the applicable ad valorem tariff rate, Carrier's package limitation shall not apply.
(24) FREIGHT & CHARGES	Revenue Tons | Rate per	Prepaid	Collect
(25) B/L NO.	(27) Number of Original B(s)/L	(29) Prepaid at	(30) Collect at
	(28) Place of B(s)/L Issue/Date	(31) Exchange Rate	(32) Exchange Rate
(26) Service Type/Mode	(33) Laden on Board the Vessel		

FORM NO.   (TERMS OF BILL OF LADING ARE CONTINUED ON THE BACK HEREOF AND
DOC 001.00   ENLARGED VERSION OF BACK CLAUSE IS AVAILABLE UPON REQUEST)

By _____
AS AGENTS FOR THE CARRIER LLOYD TRIESTINO SPA

四、项目完成效果评价，如表 4-26 所示

表 4-26　　　　　　　　过程性评价考核评分表（指导教师用）

姓名			班级		学号	
评价指标	考核项目		考核内容与标准		权重分值	得分
	1. 组织纪律性		遵守实训纪律，不迟到早退缺席，服从指导教师的安排		5	
	2. 工作的积极性、主动性和责任感		工作积极、主动、任劳任怨，有很强的责任感		5	
	3. 专业知识与技能的掌握情况		接单报价		10	
			订舱		10	

（续表）

	考核项目	考核内容与标准	权重分值	得分
评价指标	3. 专业知识与技能的掌握情况	填写进仓通知单	10	
		装箱集港	10	
		代理报检报关	10	
		提单确认	10	
		付费取单	10	
		办理保险	10	
		开具分提单	10	
		总分：	100	

指导教师评语：

指导教师签字：
年　　月　　日

附件　单据练习

需填写的单据，如表4-27至表4-37所示。

1. 货运代理委托书

表4-27　　　　　　　　　　　　货运代理委托书

经营单位（托运人）			百通编号	JF0388811
提单B/L项目要求	Shipper 发货人：			
	Consignee 收货人：			
	Notify Party 通知人：			
洋运费（　）Sea freight	预付(√)或(　)到付Prepaid or Collect	提单份数		提单寄送地址	
起运港		目的港	可否转船		可否分批	
集装箱预配数		20'×　40'×	装运期限		有效期限	

（续表）

标记唛码	包装件数	中英文货号 Description of goods	毛重（千克）	尺码（立方米）	成交条件（总货价）	
				特种货物 □冷藏货	重 件：每件重量	
					□ 大 件（长×宽×高）	
内装箱（CFS）地址		宝山区蕴川公路 8888 号宝山杨行仓库 电话：6820682×215	特种集装箱：（ ）			
			物资备妥日期			
			物资进栈：	自送(√)或金发派送( )		
门对门装箱地址			人民币结算单位账号			
			托运人签章：			
外币结算账号			电话			
声明事项			联系人：			
			地 址：			
			制单日期： 年 月 日			

2. 进仓通知单

表 4-28 　　　　　　　　　　进仓通知单

TO：　　　　　　　　　　　　　　　　　　进仓编号：

ATTN：王小姐

==

我司地址：　　　　　　　　　　　　　　　　邮编：

我司联系人：　　　　　　电话：　　　　　　传真：

订舱信息

船名/航次：　　　　　　提单号：　　　　　　截关日：

总件数：　　　　　　　　毛重：　　　　　　　体积：

货物最晚送抵仓库时间：

送货地址：

电话：　　　　　　　　　　　　　　联系方式：

送货车号：　　　　　　　　　　　　司机电话：

品　名	H.S.编码	件数	毛重	体积	唛 头

3. 集装箱托运单

表 4-29　　　　　　　　　　　　　　集装箱托运单

Shipper(发货人)	D/R　No.（编号）	
Consignee(收货人)	**中国对外贸易运输总公司** 装　货　单	第五联
Notify Party(通知人)	Received by the Carrier the Total number of containers or other packages or units stated below to be transported subject to the terms and conditions of the Carrier's regular form of Bill of Lading (for Combined Transport or Port to Port shipment) which shall be deemed to be incorporated herein. Date（日期）:	
Pre-carriage by （前程运输）	Place of Receipt （收货地点）	
Ocean Vessel （船名）　Voy. No. （航次）　Port of Loading （装货港）		
Port of Discharge （卸货港）　Place of Delivery （交货地点）	Final Destination for the Merchant's Reference （目的地）	

Container No. （集装箱号）	Seal No.（封志号） Marks & Nos. （标记与号码）	No of containers or p'kgs. （箱数或件数）	King of Package: Description of Goods （包装种类与货名）	Gross Weight 毛重(千克)	Measurement 尺码(立方米)

TOTAL　NUMBER　OFCONTAINERS　OR PACKAGES (IN WORDS)
集装箱数或件数合计（大写）

FREIGHT & CHARGES （运费与附加费）	Revenue Tons （运费吨）	Rate （运费率）	Per(每)	Prepaid(运费预付)	Collect(到付)
EX. Rate(兑换率)	Prepaid at(预付地点)		Payable at(到付地点)		Place of Issue(签发地点)
	Total Prepaid(预付总额)		No. of Original B(s)/L （正本提单份数）		

Service Type on Receiving □—CY　□—CFS　□—DOOR	Service Type on Delivery □—CY　□—CFS　□—DOOR	Reefer Temperature Required （冷藏温度）	℉	℃
TYPE OF GOODS （种类）	☑Ordinary.（普通）　□Reefer.（冷藏）　□Dangerous.（危险）　□Auto.（裸装车辆） □Liquid.（液体）　□Live Animal.（活动物）　□Bulk.（散货）　□	危险品	Class: Property: IMDG Code Page: UN No. :	

可否转船：	可否分批：	
装期：	效期：	
金额：		
制单日期：		

4. 集装箱装箱单

表 4-30

Reefer Temperature Required. 冷藏温度				**CONTAINER LOAD PLAN** **装 箱 单**			SINOTRANS	CHINA MARINE SHIPPING AGENCY SHANGHAI COMPANY 上海中外运船务代理有限公司 (2) Shipping Agent's Copy 船代联		
			℃　　℉							
Class 等级	Latent rules page 危规 页码	UN. NO. 联合国 编号	Flaspoint 闪点							
Ship's Name/Voy No. 船名/航次				Port of Loading 装港	Port of Discharge 卸港	Place of Delivery 交货地	SHIPPER'S/PACKER'S DECLARATIONS：We hereby declare that the container has been thoroughly cleaned without any evidence of cargoes of previous shipment prior to vanning and cargoes has been properly stuffed and secured.			
Container No. 箱号				Bill of Lading No. 提单号	Packages & Packing 件数 与包装	Gross Weight 毛重	Measurements 尺码	Description of Goods 货名	Marks & Numbers 唛头	
Seal No. 封号				Front 前						
Cont. Size 箱型 20' 40' 45'	Cont. Type. 箱类 GP＝普通箱 TK＝油罐箱 RF＝冷藏箱 PF＝平板箱 OT＝开顶箱 HC＝高箱 FR＝框架箱 HT＝挂衣箱									
ISO Code For Container Size/Type 箱型/箱类 ISO 标准代码										
Packer's Name/Address 装箱人名称/地址										
TEL NO. 电话号码				Door 门						

（续表）

Packing Date　装箱日期	Received By Drayman 驾驶员签收及车号	Total Packages 总件数	Total Cargo Wt 总货重	Total Meas 总尺码	Remarks　备注
Packed BY 装箱人签名	Received By Terminals/ Date Of Receipt 码头收箱签收和收箱日期	Cont Tare Wt 集装箱皮重	Cgo/Cont Total Wt 货/箱总重量		

理货交船长

5. 集装箱设备交接单

表 4-31

集装箱设备交接单　　　　　　　OUT　出场

EQUIPMENT INTERCHANGE RECEIPT

用箱人/运箱人(CONTAINER USER/HAULIER)			提箱地点(PLACE OF DELIVERY)	
提单号(B/L NO.)			返回/收箱地点(PLACE OF RETURN)	
HJSHBI142939			外高桥码头(杨高北一路88号)	
船名/航次 (VESSEL/VOYAGE NO.)	集装箱号 (CONTAINER NO.)	尺寸/类型 (SIZE/TYPE)	营运人 (CNTR. OPTR)	
发往地点 (DELIVERED TO)	铅封号 (SEAL NO.)	免费期限 (FREE TIME PERIOD)	运载工具编号 (TRUCK. WAGON. BAFSE NO.)	
出场目的/状态 (PPS OF GATE-OUT/STATUS)	进场目的/状态 (PPS OF GATE-IN/STATUS)		出场日期　　进场日期 (TIME OUT)　　(TIME IN)	
			月　日　时　/　月　日　时	

出场检查记录(INSPECTION AT THE TIME OF INTERCHANGE)

普通集装箱 (GP CONTAINER)	冷藏集装箱 (RF CONTAINER)	特种集装箱 (SPECIAL CONTAINER)	发电机 (GEN SET)
□正常(SOUND) □异常(DEFECTIVE)	□正常(SOUND) □异常(DEFECTIVE)	□正常(SOUND) □异常(DEFECTIVE)	□正常(SOUND) □异常(DEFECTIVE)
损坏记录及代号(DAMAGE & CODE)	BR 破损 (BROKEN)　D 凹损 (DENT)　M 丢失 (MISSING)	DR 污箱 (DIRTY)　DL 危标 (DG LABEL)	

（续表）

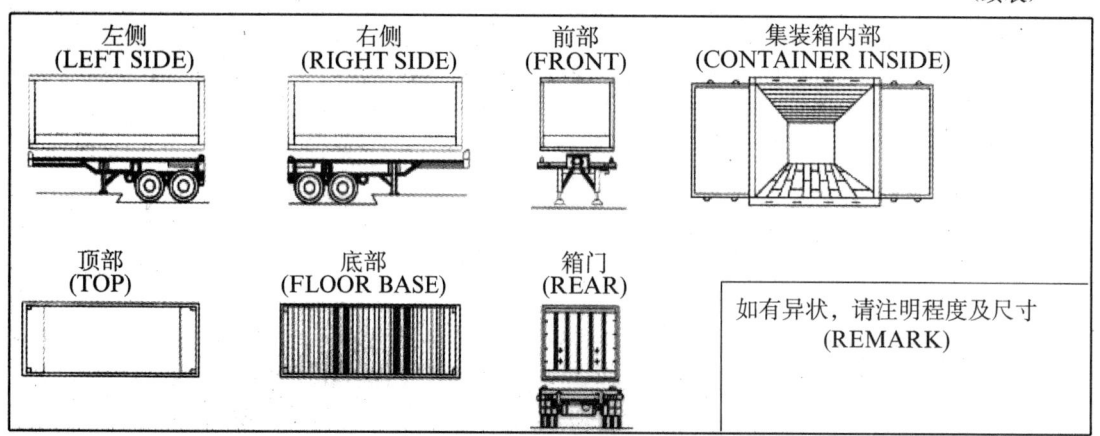

除列明者外，集装箱及集装箱设备交接时完好无损，铅封完整无误。

THE CONTAINER ASSOCIATED EOUIPMENT INTERCHANGED IN SOUND
CONDITION AND SEAL INTACT UNLESS OTHERWISE STATED

用箱人/运箱人签署
(CONTAINER USER/HAULIERS SIGNATURE)

码头/堆场值班员签署
(TERMINAL/DEPOT CLERKS SIGNATURE)

6. 出口货物报关单

表 4-32

中华人民共和国海关出口货物报关单

预录入编号：   海关编号：

出口口岸		备案号		出口日期		申报日期
经营单位		运输方式	运输工具名称		提运单号	
发货单位		贸易方式		征免性质		结汇方式
许可证号		运抵国(地区)		指运港		境内货源地
批准文号		成交方式	运费		保费	杂费
合同协议号		件数		包装种类	毛重(千克)	净重(千克)
集装箱号		随附单据			生产厂家	
标记唛码及备注						

（续表）

项号	商品编号	商品名称、规格型号	数量及单位	最终目的国（地区）	单价	总价	币制	征免

税费征收情况			
录入员　　　　录入单位	兹声明以上申报无讹并承担法律责任	海关审单批注及放行日期（签章）	
报关员 单位地址	申报单位（签章）	审单 　上海吴淞海关 　验讫章	
		征税　　　　　统计	
邮编　　　电话　　　填制日期		查验　　　放行	

7. 植物检疫证书

表4-33

中华人民共和国出入境检验检疫
ENTRY-EXIT INSPE CTION AND QUARANTINE
OF THE PEOPLE'S REPUBLIC OF CHINA

正　本
ORIGINAL

植物检疫证书
PHYTOSANITARY CERTIFICATE

编号 No. 321300206029755

发货人名称及地址
Name and Address of Consignor _____ HUAIYIN DISTRICT JINAN

收货人名称及地址
Name and Address of Consignee _____ OAD PHYATHAL. BANGKOK

品名　　　　　　　　　　　　　　植物学名
Name of Produce _____ Botanical Name of Plants***

报检数量
Quantity Declared _____

包装种类及数量
Number and Type of Packages _____

产地
Place of Origin _____

到达口岸
Port of Destination _____

运输工具
Means of Conveyance _____

标记及号码
Mark & No.

N/M

检验日期
Date of Inspection　NOV. 24, 2006

　　兹证明上述植物、植物产品或其他检疫物已经按照规定程序进行检查和/或检验，被认为不带有输入国或地区规定的检疫性有害生物，并且基本不带有其他的有害生物，因而符合输入国或地区现行的植物检疫要求。

（续表）

This is to certify that the plants，plant products or other regulated articles described above have been inspected and/or tested according to appropriate procedures and are considered to be free from quarantine pests specified by the importing country/region，and practically free from other injurious pests；and that they are considered to conform with the current phytosanitary requirements of the importing country/region.

杀虫和/或灭菌处理 DISINFESTATION AND/OR DISINFECTION TREATMENT

日期 Date　　　＊＊＊	药剂及浓度 Chemical and Concentration　　＊＊＊
处理方法 Treatment　　＊＊＊	持续时间及温度 Duration and Temperature　　＊＊＊

附加声明 ADDITIONAL DECLARATION
＊＊＊＊＊＊＊＊

印章　　签证地点 Place of Issue　　ZHENJIANG　　　签证日期 Date of Issue　　NOV. 24,2006
Official Stamp　授权签字人 Authorized Officer　　WANG FUHAI　　签名 Signature

中华人民共和国出入境检验检疫机关及其官员或代表不承担签发本证书的任何财经责任。No financial liability with respect to this certificate shall attach to the entry-exit inspection and quarantine authorities of the P. R. of China or to any of its officers or representatives.

A　　0698776　　　　　　　　　　　　　　　　　　　　［c 5-1(2000. 1. 1)］

8. 海运提单

表 4-34

LLOYD TRIESTINO
DI NAVIGAZIONE S. P. A. - SEDE IN TRIESTE
Passeggio S. Andrea, 4 - 34123 TRIESTE (Italia)
Reg. Impr. TS n. 835 Trib, TS-C. F, e P. IVA 00047820329

BILL OF LADING
NOT NEGOTIABLE UNLESS CONSIGNED TO ORDER

（2）Shipper/Exporter		（5）Document No.
		（6）Export References
	Shipper code	
（3）Consignee（complete name and address）/（unless provided otherwise, a consignment & To Orders means To Order of Shipper.）		（7）Forwarding Agent-References
（4）Notify Party（complete name and address）		（8）Point and Country of Origin(for the Merchant's reference only)
		（9）Also Notify Party（complete name and address）
	Notify code	

（续表）

(12) Pre-carriage by	(13) Place of Receipt/Date	In Witness Whereof, the undersigned, on behalf of Lloyd Triestino SpA, the Master and the Owner of the Vessel, has signed the number of Bill(s) of Loding stated below, all of this tenor and date, one of which being accomplished, the others to stand void.
(14) Ocean Vessel/Voy No.	(15) Port of Loading	(10) Onward Inland Routing/Export Instructions(for the Merchant's reference only)
(16) Port of Discharge	(17) Place of Delivery	

Particulars furnished by the Merchant			
(18) Container No. And Seal No. Marks & Nos	(19) Quantity And Kind of Packages	(20) Description of Goods	(21) Measurement (M³) Gross Weight (KGS)
CONTAINER NO. /SEAL NO. (22) TOTAL NUMBER OF CONTAINERS OR PACKAGES (IN WORDS)			(23) Declared Value $ _____ If Merchant enters actual value of Goods and pays the applicable ad valorem tariff rate, Carrier's package limitation shall not apply.

(24) FREIGHT & CHARGES	Revenue Tons	Rate	per	Prepaid	Collect

(25) B/L NO.	(27) Number of Original B(s)/L	(29) Prepaid at	(30) Collect at
	(28) Place of B(s)/L Issue/Date	(31) Exchange Rate	(32) Exchange Rate

(26) Service Type/Mode	(33) Laden on Board the Vessel

FORM NO.　(TERMS OF BILL OF LADING ARE CONTINUED ON THE BACK HEREOF AND
DOC 001. 00　ENLARGED VERSION OF BACK CLAUSE IS AVAILABLE UPON REQUEST)

By _____
AS AGENTS FOR THE CARRIER LLOYD TRIESTINO SPA

9. 提单确认通知书

表4-35   提单确认通知书

TO：

时间：

Shipper 发货人：	B/L ND 提单号：	
	选择提单是否电放： □ 电放　□ 正本	
Consignee 收货人：	客户编号：	
	我司编号：	
Notify Party 通知人：	发件人：	
	提单类型：	
Vessel Voyage： 船名航次：	Port of Loading： 起运港：	备注 Note：
Port of Discharge： 卸货港：	Final Destination： 目的港：	

Mark & Nos. 标记与 号码	件数	Description of goods Chinese or English 中英文货名	G. W（kgs） 毛重	Measurement 体积
费用确认：	USD 抬头：		RMB 抬头：	

Tel：
FAX：
公司名称：

10. 出口货物运输保险投保单

表4-36　　　　　　　　中国人民保险公司上海分公司

THE PEOPLE'S INSURANCE COMPANY OF CHINA, SHANGHAI BRANCH

出口货物运输保险投保单

发票编号：

Application From form Export Marine Cargo Insurance

Invoice No：

被保险人名称、地址： Name & Address of Applicant：			
标记及号码 Marks & Numbers	件数 Quantity	物品名称 Descriptions of Goods	保险金额 Insured Amount

（续表）

运输工具（及运载工具） Carrying vessel and Connection			起运日期 Date of Departure	赔款偿付地点 Claim payable at	
运输路线 Voyage	自 From	经 Via	到 To	转载地点 Port of Transhipment	
投保险别： Condition： **FOR 110% OF THE INVOICE VALUE COVERING ALL RISKS AS PER P. I. C. C.　DATE 1/1/1981**			投保单位签章： Applicant's Signature 年　　月　　日		

11. 保险单

表 4-37

中国人民保险公司

THE PEOPLE'S INSURANCE COMPANY OF CHINA

总公司设于北京　　一九四九年创立

Head Office：BEIJING　Established in 1949

保　险　单　　　　保险单次号次 SH058812

INSURANCE POLICY　　　POLICY No.

中　国　人　民　保　险　公　司　（　以　下　简　称　本　公　司　）

THIS POLICY OF INSURANCE WITNESSES THAT PEOPLE'S INSURANCE OF CHINA（HEREINAFTER CALLED."THE COMPANY"）

根　据

AT THE REQUEST OF _____

（　以　下　简　称　被　保　险　人　）的　要　求　，由　被　保　险　人　向　本　公　司　缴　付　约

（HEREINAFTER CALLED "THE INSURED" AND IN CONSIDERATION OF THE AGREED PREMIUM PAIP TO THE COMPANY

定　的　保　险　费　，按　照　本　保　险　单　承　保　险　别　和　背　面　所　载　条　款　与　下　列

BY THE INSURED UNDERTAKES TO INSURE THE UNDERMENTIONED GOODS IN TRANSPORTATION SUBJECT TO THE

特　款　承　保　下　述　货　物　运　输　保　险　，特　立　本　保　险　单　。

CONDITIONS OF THIS POLICY . AS PER THIS CLAUSES PRINTED OVERLEAF AND OTHER SPECAL CLAUSES ATTACHED

标记 MARK & NOS.	保险及数量 QUZNTITY	保险货物项目 DESCRIPTION OF GOODS	保险金额 AMOUNT INSURED

保　险　金　额：

TOTAL AMOUNT INSURED：

保费　　　　　　　　　费　率　　　　　　　装载运输工具

PREMIUM　AS ARRANGED　RATE　AS ARRANGED　PER CONVEYANCE S. S. _____

开　航　日　期　　　　　　　　自　　　　　　　　　　至

SLG. IN OR ABT. _____ FROM _____ TO _____

承保险别：

CONDITIONS：FOR 110% OF THE INVOICE VALUE COVERING ALL RISKS AS PER P. I. C. C. DATE 1/1/1981

所　保　货　物　，如　遇　出　险　，本　公　司　凭　保　险　单　及　其　他　有　关　证　件　给　付　赔

CLAIMS IF ANY PAYABLE ON SURPENDER OF THIS POLICY TO GETETHER WITH OTHER RELEVANT EVANT DOCUMENTS IN THE EVENT OF

（续表）

偿 。所 保 货 物 ，如 果 发 生 本 保 险 单 项 下 负 责 赔 偿 的 损 失 或 事 故 ，

ACCIDENT WHEREBY LOSS OR DAMAGE MAY RESULT IN A CLAM UNDER THIS POLICY IMMEDIATE NOTICE APPLY ING FOR SURVEY MUST

应 立 即 通 知 本 公 司 下 属 代 理 人 查 勘 。

BE GIVEN TO THE COMPANYS AGENT AS MENTIONED HEREUNDER

THE PEOPLE'S INSURANCE OF CHINA MONTREAL BRANCH

TEL：128-543657

赔　偿　地　点

CLALAM PAYABLE AT _____

日期

DATE _____

中国人民保险公司上海分公司

THE PEOPLE'S INSURANCE OF CHINA SHANGHAI BRANCH

General manager　**王　琳**

模块三

空运出口运输代理业务操作

项目 5　新鲜苹果的空运出口代理业务操作

一、实训目标

1. 会根据不同种类的货物计算运费
2. 会缮制空运托运单、并办理订舱业务
3. 能够办理货物集港业务过程中各种单据的交接
4. 能够缮制空运单,报关单并完成代理报关业务
5. 做好费用结算工作。

二、背景资料

西安进出口公司有 62.5 KGS×5 箱新鲜苹果出口到日本大阪,每箱的体积为 102×44×25,想委托中国国际货运航空有限公司办理航空运输等事宜,最晚 2009 年 10 月 25 日装上飞机,西安进出口公司向中国国际货运航空有限公司提供了一份货运委托书、发票、报关委托书,外汇核销单,请中国国际货运航空有限公司西安分公司代理运输并在指定时间保证货物安全装上飞机,航班号:CA855/25Oct. ,空运单号:CAW-51000788。相关单据,如表 5-1 和表 5-2 所示。

1. 发票

表 5-1

ISSUER XI'AN IMP. & EXP. CO. , LTD. Add:No. 568, Xiaguan Road, East, Xi'an, China, 710043 Tel:+86 29 3699 888 Fax:+86 29 3699 898		COMMERCIAL INVOICE		
TO NNT Co. , Ltd. Add:62 Larkshall Road, Chingford, Osaka, E4 7HZ,UK Tel:+81 (0) 845 286 7669		NO. A20090901		DATE SEP. 01, 2009
TRANSPORT DETAILS From XIAN to OSAKA, by air.		S/C NO. A20090801		
		TERMS OF PAYMENT T/T		
Marks and Numbers	Number and kind of package Description of goods	Quantity	Unit Price FCA	Amount
NNT OSAKA 1-5	Fresh Apples 102 cm×44 cm×25 cm×5 In export cartons	5 pieces	USD 800. 00	USD 4 000. 00
		Total:USD 4 000. 00		
SAY TOTAL:	SAY US DOLLAR FOUR THOUSAND ONLY.			

2. 外汇核销单

表 5-2

国家外汇管理局
监制章
出口收汇核销单
存根
(陕)编号：325623454

出口单位： 西安进出口有限公司
单位编码：6544236
出口币种总价： USD 4 000.00
收汇方式：T/T
约计收款日期：2009.9.30
报关日期：2009.09.08
备注：
此单报关有效截止到 2009.10.30

出口单位盖章

国家外汇管理局
监制章
出口收汇核销单
(陕)编号：325623454

出口单位： 西安进出口有限公司			
单位编码：6544236			
银行签注栏	类别 新鲜苹果	币种金额 USD 4 000.00	出口币种总价： USD 4 000.00 收汇方式：T/T 约计收款日期： 2009.9.30 报关日期： 2009.09.08 备注：
海关签注栏： 该票货物已于　　　　结关			
外汇局签注栏 2009 年　月　日(盖章)			

出口单位盖章

海关盖章

国家外汇管理局
监制章
出口收汇核销单
出口退税用
(陕)编号：325623454

出口单位： 西安进出口材料有限公司		
单位编码：6544236		
银行签注栏	类别 新鲜苹果	币种金额 USD 4 000.00
报关单编号：SH0328446451		
外汇局签注栏： 2009 年　月　日(盖章)		

三、项目实施

任务一　揽货接单

任务描述　接到货运委托信息后，根据货主要求，查询是否有合适航班？并根据货物信息计算代理运输产生的所有费用，并向货主报价，请求货主确认报价。

操作步骤

(1) 依据货物出运时间，查阅合适航班：______________________

(2) 计算运费(总共 6 大步)

a. Volume：______________　　d. Chargeable weight：______________

b. Volume weight：______________　　e. Applicable rate：______________

c. Gross weight：______________　　f. Total charge：______________

该票货物资料：

ROUTING XIAN, CHINA(SIA), TO OSAKA, JAPAN(OSA)

COMMODITY：FRESH APPLES

GROSS WEIGHT：EACH 65.2 KGS. TOTAL 5 PIECES

计算该票货物的航空运费。

公布运价,如表5-3所示。

表5-3   运 价 表

XIAN Y. RENMINBI		CN CNY		SIA KGS	
OSAKA		JP		M	230
				N	37.51
				45	28.13
		0008	300		18.80
		0300	500		20.61
		1093	100		18.43
		2195	500		18.80

(3) 请求货主确认报价:_____。

任务二   订舱

任务描述   向货主传递货物托运书,请货主填写并收回货物托运书,并向航空公司正式提出运输申请并订妥舱位。

操作步骤

(1) 请货主填写货物托运单,如表5-4所示。

表5-4   西安进出口公司货运委托书
SHIPPER'S LETTER OF INSTRUCTION   货运单号码

始发站 AIRPORT OF DEPARTURE		到达站 AIRPORT OF DESTINATION		供承运人用 FOR CARRIER USER ONLY			
				航班/日期 FLIGHT/DAY			
				供承运人用航班/日期 FLIGHT/DAY FOR CARRIER			
路线及到达站 ROUTING AND DESTINATION					已预留吨位 BOOKED		
至 TO	第一承运人 BY FIRST CARRIER	至 TO	承运人 BY	至 TO	承运人 BY	至 TO	承运人 BY	运费 CHARGES
托运人账号 SHIPPER'S ACCOUNT		托运人姓名及地址 SHIPPER'S NAME AND ADDRESS					FREIGHT PREPAID

（续表）

收货人账号 CONSIGNEE'S ACCOUNT	收货人姓名及地址 CONSIGNEE'S NAME AND ADDRESS		另请通知 ALSO NOTIFY
托运人声明的价值 SHIPPER DECLARED VALUATION		保险金额 AMOUNT OF INSURANCE	所附文件 DOCUMENTS OF ACCOUMPANY AIR WAYBILL
供运输用 FOR CARRIAGE	供海关 FOR CUSTOMS		invoice Foreign exchange write-off single

件数 NO. OF PIECES	实际重量 ACTUA GROSS WEIGHT	运价类别 RATE CLASS	收费重量 CHARGEABLE WEIGHT	费率 RATE/ CHARGE	货物品名及数量(包括体积和尺寸) NATURE AND QUANTITY OF GOODS (INCL. DIMENSIONS OR VOLUME)

在货物不能交与收货人时,托运人指示的处理方法 SHIPPER'S INSTRUCTIONS IN CASE OF INABILITY TO DELIVER SHIPMENT AS CONSIGNED
联系发货人,等待发货人进一步指示。CONTACT SHIPPER AND WAIT FOR FURTHER INSTRUCTIONS.

处理情况(包括包装方式、货物标志及号码等)HANDLING INFORMATION(INCL. METHOD OF PACKING. IDENTIFY. MARKS AND NUMBERS. ETC.)
Handle carefully

托运人证实以上所填全部属实　遵守承运人的一切载运章程
THE SHIPPER CERTIFIES THAT THE PARTICULARS ON THE FACE HEREOF ARE CORRECT AND AGREES TO THE CONDITION CARRIAGE OF THE CARRIER

托运人签字
SIGNATURE OF　　　　　　日期：　　　　　经手人：　　　　　日期：
SHIPPER　　　　　　　　DATE　　　　　　AGENT　　　　　　DATE

（2）接单审单。当货主填写完托运书后,将托运书及运输所需相关单证一起发给货代,货代需要审核单据,做到单单一致。

请写出货主应递交的单据 1. ＿＿＿＿；2. ＿＿＿＿；3. ＿＿＿＿；4. ＿＿＿＿；5. ＿＿＿＿；6. ＿＿＿＿；7. ＿＿＿＿；8. ＿＿＿＿。

（3）填写航空货运联单,如表5-5所示。

表5-5

Shipper's Name and Address	Shipper's Account Number	Not negotiable

（续表）

Consignee's Name and Address	Consignee's Account Number												

Issuing Carriers Agent Name and City							Accounting Information						
Agents IATA Code			Account No.										
Airport of Departure													

To	By First Carrier	Routing and Destination	To	By	To	By	Currency	CHGS Code	WT/VAL		OTHER		Declared Value for Carriage	Declared Value for Customs
									PP	C C	PP	C C		

Airport of destination	Requested flight/date		Amount of insurance		If shipper requests insurance in accordance with the conditions, There of indicate amount to be insured in figures in box marked "Amount of Insurance"

Handling information	

No. of pieces	Gross Weight	Kg Lb	Rate Class		Chargeable Weight	Rate/ Charge	Total	Nature and Quantity of Goods (incl. Dimensions of Volume)

Prepaid	Weight charge	collect	Other Charges
Prepaid	Valuation charge	collect	Signature of Shipper or his Agent
Tax			
Total other charges due to agent			Executed on(date) at(place) Signature of Issuing Carrier
Total other charges due to carrier			
Total prepaid		total collect	
For carriers use only at destination	Charges at Destination		Total Collect Charges

任务三　代理报关

任务描述　当航空公司订舱确认后,货代要根据货运委托书等信息缮制相关出口单据。从货主委托信息看,货主要求货代代理报关。请缮制报关单,并带齐报关所需单据,到现场报关。其中,出口口岸:西安咸阳机场;请在 2009 年 10 月 2 日申报,并于 2009 年 10 月 3 日出口,货物净重 320 KGS。

操作步骤

（1）电脑预录入，缮制报关单，如表5-6所示。

表5-6 中华人民共和国海关出口货物报关单

预录入编号： 海关编号：

出口口岸		备案号		出口日期		申报日期	
经营单位		运输方式 江海运输	运输工具名称		提运单号		
发货单位		贸易方式		征免性质		结汇方式	
许可证号		运抵国（地区）		指运港		境内货源地	
批准文号		成交方式	运费		保费		杂费
合同协议号		件数	包装种类		毛重（千克）		净重（千克）
集装箱号		随附单据			生产厂家		

标记唛码及备注

项号	商品编号	商品名称、规格型号	数量及单位	最终目的国（地区）	单价	总价	币制	征免

税费征收情况

录入员 录入单位	兹声明以上申报无讹并承担法律责任	海关审单批注及放行日期（签章）	
报关员 单位地址	申报单位（签章）	审单	审价
		征税	统计
邮编 电话 填制日期		查验	放行

（2）备齐出口报关所需单据 _____ 、_____ 、_____ 、_____ 、_____ 、_____ 、_____ ,递交并进行审核。（7份）

任务四 交接发运

任务描述 通关后,货物就可以装上飞机了,请完成装上飞机前后,货代公司需要处理的业务。

操作步骤

（1）向航空公司交单;请写出随机单据 _____ 、_____ 、_____ 、_____ 、_____ 。

（2）向航空公司交货。向航空公司交货,必要时应和航空公司一起清点货物的 _____ ,并进行 _____ 。

（3）单货验收完毕,航空公司在联单的 _____ 联上签字确认已经收货。

任务五 费用结算

任务描述 货物出运后,货代对航班、货物进行跟踪,为客户做好信息服务,代缴各种费用,并和客户结算费用。其中,除基本运费外,燃油附加费为 USD 300,单证费 CNY 100,地面运输费 CNY 400,报关费 CNY 100。

操作步骤 费用结算。费用结算单,如表5-7所示。

表5-7

百通货代公司

SHANGHAI SIRIUS INTERNATIONAL LOGISTICS CO., LTD.

费 用 结 算 单

我司编号：BT2009.0613　　　　　　　　　　　　　　客户编号：BT2009.0613

客户名称：　　　　　　　　　　　　　　　　　　　　预付/到付：

订舱方：　　　　　　　　　　　　　　　　　　　　　船空公司：

始发站：　　　　　　　　　　　　　　　　　　　　　空运单号：

船名航次：　　　　　　　　　　　　　　　　　　　　品名：

起飞日期：　　　　　　　　　　　　　　　　　　　　委托毛重量：

委托件数：

委托体积：

美元抬头　　　　　　　　　　　　　　　　　　　人民币抬头

费用项目	应付金额	收款单位	费用项目	应收金额	付款单位	备注
基本运费			单证费			
燃油附加费			地面运输费			
			报关费			
USD 应付合计		USD 应收合计		USD 毛利		总毛利
CNY 应付合计		CNY 应收合计		CNY 毛利		

四、项目完成效果评价

项目 5：过程性评价考核评分表，如表 5-8 所示。

表 5-8   **过程性评价考核评分表（指导教师用）**

姓名		班级		学号	
	考核项目	考核内容与标准		权重分值	得分
评价指标	1. 组织纪律性	遵守实训纪律，不迟到早退缺席，服从指导教师的安排		10	
	2. 工作的积极性、主动性和责任感	工作积极、主动、任劳任怨，有很强的责任感		15	
	3. 专业知识与技能的掌握情况	揽货接单		15	
		订舱		15	
		代理报关		15	
		交接发运		15	
		费用结算		15	
		总分：		100	
指导教师评语：					
			指导教师签字： 年　　月　　日		

附件　单据练习

需填写的单据，如表 5-9 至表 5-11 所示。

1. 托运书

表 5-9

SHIPPER'S LETTER OF INSTRUCTION

SHIPPER'S NAME & ADDRESS： 发货人名称及地址	P. O. NO.：	
	DOCUMENT ARRIVAL TIME： 单到时间：	

（续表）

CONSINGEE： 收货人：	DELIVERY TIME： 送货时间：
	SUBSCRIBE FLIGHT DAY & BOOKING： 预定时间：
NOTIFY PARTY： 通知人：	PAYMENT TERMS： 付款方式： PREPAID/预付：（　　） COLLECT/到付：（　　） THIRD PARTY BILLING/第三方付款：（　　）

AIRPORT OF ARRIVAL： 到达空港：	FINAL DESTINATION： 最终目的地：	SPECIAL INSTRUCTIONS： 注意事项：

NO OF PACKAGES： 件数：	GROSS WEIGHT： 毛重：	TOTAL QUANTITY： 数量：	MEASUREMENT： 体积及尺寸：　　CM

MARKS： 唛头：	NATURAL OF GOODS： 品名：

THE SHIPPER CERTIFIES THAT PARTICULARS ON THE FACE HERE OF ARE CORRECT AND AGREES TO THE CONDITIONS OF CARRIAGE OF THE CARRIER

托运人证实以上所填全部属实，并愿遵守承运人的一切载运章程。

SHIPPER'S SIGNATURE & STAMP　　　　BY：　　　　TEL NO./电话：

托运人签名盖章：　　　　　　　　经手人：　　　请填入经办人的联系方式

FAX NO./传真：

2. 报关单

表 5-10　　　　　　　中华人民共和国海关出口货物报关单

预录入编号：　　　　　　　　　　　　　　　　　　　　海关编号：

出口口岸	备案号		出口日期	申报日期
经营单位	运输方式 江海运输	运输工具名称	提运单号	
发货单位	贸易方式		征免性质	结汇方式
许可证号	运抵国(地区)		指运港	境内货源地

（续表）

批准文号	成交方式	运费	保费	杂费
合同协议号	件数	包装种类	毛重(千克)	净重(千克)
集装箱号	随附单据		生产厂家	

标记唛码及备注				

项号　商品编号　商品名称、规格型号　数量及单位　最终目的国(地区)　单价　总价　币制　征免
01
02
03
税费征收情况

录入员　　　录入单位	兹声明以上申报无讹并承担法律责任	海关审单批注及放行日期(签章)	
报关员	申报单位(签章)	审单	审价
单位地址		征税	统计
邮编　　　电话　　　填制日期		查验	放行

3. 费用结算单

表 5-11　　　　　　　　　　　百通货代公司

SHANGHAI SIRIUS INTERNATIONAL LOGISTICS CO.，LTD.

费 用 结 算 单

我司编号：BT2009.0613　　　　　　　　　　客户编号：BT2009.0613
客户名称：　　　　　　　　　　　　　　　　预付/到付：
订舱方：　　　　　　　　　　　　　　　　　船空公司：
始发站：　　　　　　　　　　　　　　　　　空运单号：
船名航次：　　　　　　　　　　　　　　　　品名：
起飞日期：　　　　　　　　　　　　　　　　委托毛重量：
委托件数：
委托体积：

美元抬头　　　　　　　　　　　　　　　　人民币抬头

（续表）

费用项目	应付金额	付款单位	费用项目	应收金额	收款单位	备注
基本运费			单证费			
燃油附加费			地面运输费			
			报关费			
USD 应付合计		USD 应收合计		USD 毛利		总毛利
CNY 应付合计		CNY 应收合计		CNY 毛利		

项目6　小麦空运出口代理业务操作

一、实训目标

1. 会根据不同种类的货物计算运费
2. 会缮制空运托运单,并办理订舱业务
3. 能够办理货物集港业务过程中各种单据的交接
4. 能够缮制空运单、报关单并完成代理报关业务
5. 掌握航班跟踪业务操作
6. 做好信息服务工作。

二、背景资料

西安进出口公司有 25.2 KGS 一级小麦样品出口到日本东京,想委托中国国际货运航空有限公司西安公司办理航空运输等事宜,最晚 2009 年 10 月 25 日装上飞机,西安进出口公司向中国国际货运航空有限公司西安分公司提供了一份货运委托书、发票、报关委托书、外汇核销单,请中国国际货运航空有限公司西安分公司代理运输并在指定时间保证货物安全装上飞机。西安进出口公司提供的单据,表 6-1 至表 6-3 所示。

1. 发票

表 6-1

ISSUER XI'AN IMP. & EXP. CO., LTD. Add: No. 568, Xiaguan Road, East, Xi'an, China, 710043 Tel: +86 29 3699888 Fax: +86 29 3699898		COMMERCIAL INVOICE	
TO NNT Co., Ltd Add: 62 Larkshall Road, Chingford, TOKYO, E4 7HZ, JP Tel: +44(0) 8452867669		NO. A20090901	DATE SEP. 01, 2009
TRANSPORT DETAILS From XIAN to OSAKA, by air.		S/C NO. A20090801	
		TERMS OF PAYMENT T/T	
Marks and Numbers	Number and kind of package Description of goods	Quantity	Unit Price	Amount
			FCA	

（续表）

NNT OSAKA 1-1	Wheat(sample) 82 cm×48 cm×32 cm In export cartons	25.2 KGS	USD 200.00	USD 200.00
	Total：USD 200.00			
SAY TOTAL：SAY US DOLLAR FOUR THOUSAND ONLY.				

2. 外汇核销单

表 6-2

（陕）编号：325623454

（陕）编号：325623454

（陕）编号：325623454

出口单位：西安进出口有限公司
单位编码：6544236
出口币种总价：USD 200.00
收汇方式：T/T
约计收款日期：2009.9.30
报关日期：2009.09.08
备注：
此单报关有效截止到 2009.10.30

出口单位盖章

出口单位：西安进出口有限公司			
单位编码：6544236			
银行签注栏	类别 小麦样品	币种金额 USD 200.00	盖章
海关签注栏： 该票货物已于　　结关			
外汇局签注栏： 2009 年　月　日(盖章)			

出口单位盖章

出口单位：西安进出口有限公司		
单位编码：6544236		
货物名称 铜棒	类别 小麦样品	币种总价 USD 200.00
报关单编号：SH0328446451		
外汇局签注栏： 2009 年　月　日(盖章)		

出口单位盖章

海关盖章

3. 代理报关委托书

表 6-3

代理报关委托书

编号：1200001122976

我单位现（A. 逐票　B. 长期）委托贵公司代理（A. 报关查验　B. 垫缴税款　C. 办理海关证明联　D. 审批手册　E. 核销手册　F. 申办减免税手续　G. 其他）通关事宜，详见《委托报关协议》。我单位保证遵守《海关法》和国家有关法规，保证所提供的情况真实、完整、单货相符。否则，愿承担相关法律责任。

本委托书有效期自签字之日起至 2009 年 09 月 25 日止。

委托方（签章）：　**西安进出口有限公司**
XI'AN IMP. & EXP. CO., LTD.

法定代表或其授权签署《代理报关委托书》的人（签字）　**张勇**

2009 年 09 月 25 日

委托报关协议

为明确委托报关具体事项和各自责任,双方经平等协议商定协议如下:

委托方	西安进出口公司
主要货物名称	小麦样品
H. S. 编码	741991
进出口日期	2009 年 10 月 25 日
提单号	
贸易方式	一般贸易
原产地/货源地	东京
传真号码	029-3699898

被委托人	中国国际货运航空有限公司西安公司
＊报关单编号	NO.
收到单证日期	2009 年 10 月 15 日

其他要求:

背面所列通用条款是本协议不可分割的一部分,对本协议的签署构成了对背面条款的同意。

委托方业务签章:

西安进出口公司　西安进出口公司

经办人签章:张勇
　　　　　2009 年 9 月 25 日
联系电话:029 - 3699888

收到单证情况	合同☑	发票☑
	装箱清单☑	提(运)单☑
	加工贸易手册☐	许可证件☐
	其他	
报关收费	人民币:300 元	

承诺说明:

背面所列通用条款是本协议不可分割的一部分,对本协议的签署构成了对背面条款的同意。

被委托方业务签章:
中国国际货运航空有限公司西安公司

经办报关员签章:陈豪
2009 年 9 月 25 日
联系电话:029 - 56680821

(白联:海关留存、黄联:被委托方留存、红联:委托方留存)　　　　　　　中国报关协会

三、项目实施

任务一　揽货接单

任务描述　接到货运委托信息后,根据货主要求,查询是否有合适航班? 并根据货物信息计算代理运输产生的所有费用向货主报价,请求货主确认报价。

操作步骤

(1) 依据货物出运时间,查阅合适航班:＿＿＿＿＿＿＿＿＿＿＿＿＿＿＿＿＿

(2) 计算运费。

a. Volume:＿＿＿＿＿＿＿＿　　　　d. Chargeable weight:＿＿＿＿＿＿＿＿

b. Volume weight:＿＿＿＿＿＿＿＿　　e. applicable race:＿＿＿＿＿＿＿＿

c. Gross weight:＿＿＿＿＿＿＿　　　f. Total charge:＿＿＿＿＿＿＿＿

该票货物及运价资料:

ROUTING:XIAN, CHINA(SIA) TO TOKYO, JAPAN(TYO)

COMMODITY:SAMPLE

GROSS WEIGHT:25.2 KG

DIMENSIONS:82 CM×48 CM×32 CM

公布运价,如表 6-4 所示。

表 6-4   运 价 表

XIAN	CN		SIA
Y. RENMINBI	CNY		KGS
TOKYO	JP	M	230. 00
		N	37. 51
		45	28. 13

根据货物信息及公布运价计算该票货物的航空运费。

a. _____   d. _____

b. _____   e. _____

c. _____   f. _____

（3）请求货主确认报价：_____

任务二 订舱

任务描述 向货主传递货物托运书，请货主填写，收回货物托运书，并向航空公司正式提出运输申请并订妥舱位。

操作步骤

（1）请货主填写货物托运单，如表 6-5 所示。

表 6-5   中国国际航空公司
SINOAIR   货运单号码
国际货物托运书   NO. OF AIR WAYBILL
SHIPPER'S LETTER OF INSTRUCTION

始发站 AIRPORT OF DEPARTURE	到达站 AIRPORT OF DESTINATION	供承运人用 FOR CARRIER USER ONLY		
SIA	NRT	航班/日期 FLIGHT/DAY		
		供承运人用航班/日期 FLIGHT/DAY FOR CARRIER		

路线及到达站 ROUTING AND DESTINATION							已预留吨位 BOOKED

至 TO	第一承运人 BY FIRST CARRIER	至 TO	承运人 BY	至 TO	承运人 BY	至 TO	承运人 BY

托运人账号 SHIPPER'S ACCOUNT	托运人姓名及地址 SHIPPER'S NAME AND ADDRESS	运费 CHARGES
XI'AN IM&EX CO. ,LTD. Add：No. 568，Xiaguan Road，East，Xi'an，China，710043 Tel：+86 - 0293699888 Fax：+86 - 0293699898		FREIGHT PREPAID

（续表）

收货人账号 CONSIGNEE'S ACCOUNT	收货人姓名及地址 CONSIGNEE'S NAME AND ADDRESS	另请通知 ALSO NOTIFY
NNT Co. ,Ltd. Add：62 Larkshall Road, Chingford, TOKYO, E4 7HZ,JAPAN Tel：＋44(0)- 8452867669		NNT Co. ,Ltd. Add：62 Larkshall Road, Chingford, TOKYO, E4 7HZ, JP Tel：＋44(0)8452867669

托运人声明的价值 SHIPPER DECLARED VALUATION		保险金额 AMOUNT OF INSURANCE	所附文件 DOCUMENTS OF ACCOUMPANY AIR WAYBILL
供运输用 FOR CARRIAGE NVD	供海关 FOR CUSTOMS NCV		invoice Foreign exchange write-off single

件数 NO. OF PIECES	实际重量 ACTUA GROSS WEIGHT	运价类别 RATE CLASS	收费重量 CHARGEABLE WEIGHT	费率 RATE/ CHARGE	货物品名及数量(包括体积和尺寸) NATURE AND QUANTITY OF GOODS (INCL. DIMENSIONS OR VOLUME)
1	25. 2	N	25. 5	37. 51	SAMPLE 82 CM×48 CM×32 CM

在货物不能交与收货人时,托运人指示的处理方法
SHIPPER'S INSTRUCTIONS IN CASE OF INABILITY TO DELIVER SHIPMENT AS CONSIGNED
联系发货人,等待发货人进一步指示。Contact shipper and wait for further instructions.

处理情况(包括包装方式、货物标志及号码等)
HANDLING INFORMATION(INCL. METHOD OF PACKING. IDENTIFY. MARKS AND NUMBERS. ETC.)
Handle carefully

托运人证实以上所填全部属实 遵守承运人的一切载运章程
THE SHIPPER CERTIFIES THAT THE PARTICULARS ON THE FACE HEREOF ARE CORRECT AND AGREES TO THE CONDITION CARRIAGE OF THE CARRIER

托运人签字
SIGNATURE OF
SHIPPER   日期：DATE   经手人：
AGENT   日期：
DATE

（2）接单审单。当货主填写完托运书后,将托运书及运输所需相关单证一起发给货代,货代需要审核单据,做到单单一致。

请写出货主应递交的单据_____、_____、_____、_____、_____、_____、_____、_____、_____。

（3）依据货运委托书填写订舱单向船公司订舱,并进行订舱确认。经订舱后空运单号为CAW-2012021,航班号为 CA555/25Oct. 。

（4）填写航空货运联单。

表 6-6　　　　　　　　　　　　　　　　　　　航空货运联单

Shipper's Name and Address	Shipper's Account Number	Not negotiable AIR CHINA CARGO AIR WAY BILL										
Consignee's Name and Address	Consignee's Account Number											
Issuing Carriers Agent Name and City		Accounting Information										
Agents IATA Code	Account No.											
Airport of Departure												

To	By First Carrier	Routing and Destination	To	By	To	By	Currency	CHGS Code	WT/VAL		OTHER		Declared Value for Carriage	Declared Value for Customs
									PP	CC	PP	CC		

Airport of destination	Requested flight/date	Amount of insurance	If shipper requests insurance in accordance with the conditions, There of indicate amount to be insured in figures in box marked "Amount of Insurance"

Handling information

No. of pieces	Gross Weight	Kg Lb	Rate Class	Chargeable Weight	Rate/ Charge	Total	Nature and Quantity of Goods (inco. Dimensions of Volume)

Prepaid	Weight charge	collect	Other Charges
Prepaid	Valuation charge	collect	Signature of Shipper or his Agent
Tax			
Total other charges due to agent			Executed on(date) at(place) Signature of Issuing Carrier
Total other charges due to carrier			
Total prepaid	total collect		
For carriers use only at destination	Charges at Destination	Total Collect Charges	

知识点　航空运单的功能、主要内容、联单组成和填写要求。

1. 航空运单具有哪些用途呢？

a. _____　b. _____　c. _____　d. _____　e. _____

2. 航空运单有哪几联？

_____

3. 航空运单中有哪些内容？

_____

填写时都要注意哪些事项？

a. _____　b. _____　c. _____　d. _____

表 6-7

ORIGINAL.3(FOR CONSIGNEE)

012 1A–1153 4891 1B		012–1153 4891	
Shipper's Name and Address 2	Shipper's Account Number 3	Not Negotiable Air Waybill Issued By:	
		Copies 1,2 and 3 of this Air Waybill are have the same validity	
Consignee's Name and Address 4	Consignee's Account Number 5	It is agreed that the goods described herein are accepted in apparent good order and condition (except as noted) for carriage SUBJECT TO THE CONDITIONS OF CONTRACT ON THE REVERSE HEREOE ALL GOODS MAY BE CARRIED BY ANY OTHER MEANS INCLUDING ROAD OR ANY OTHER CARRIER UNLESS SPECIFIC CONTRARY INSTRUCTIONS ARE GIVEN HEREON BY THE SHIPPER. AND SHIPPER AGREES THAT THE SHIPMENT MAY BE CARRIED VIA INTERMEDIATE STOPPING PLACES WHICH THE CARRIER DEEMS APPROPRIATE. THE SHIPPER'S ATTENTION IS DRAWN TO THE NOTICE CONCERNING CARRIER'S LIMITATION OF LIABILITY. Shipper may incerase such limitation of liability by declaring a higher value for carriage and paying a supplemental charge if requested.	

Issuing Carrier's Agent and city 6		Accounting Information;　10 This Air Waybill is subject to U.S. Domestic Contract of Carriage and International Conditions of Contract of NORTHWEST AIRLINE.	
Agent's IATA Code: 7	Account No. 8		

Airport of Departure(The three–letter code for the airport of departure and requested routing)　9		Referece Number and Optional Shipping Info	

To	By First Carrier	To	By	To	By	Currency	CHGS	WT/VAL		Other		Declared Value for Carriage	Declared Value for Customs
11A	11B	11C	11D	11E	11F	12	13	14A	14B	15A	15A	16	17

Airport of Destination 18	Flight/Date		Amount of Insurance 20	INSURANCE 20A
	19A	19B		

Handing Information notify consignee on arrival　21	
	SCI 21A

These commodities, technology or software were exported from the United States in accordance with the Expoet Administration Regulations. Ultimate destination: GB.	Diversion contrary to U.S. law prohibied.

（续表）

Pieces	Gross Weight	kg/lb	Rate Class		Chargeable Weight	Rate Charge	Total	Nature and Quantity of Goodstine Dimensions or Volume
				Commodity item No.				
22A	22B	22C	22D	22C	22F	22G	22H	22I
22J	22K						22L	

Prepaid	Weight change	Collect	Other Changes
24A		24B	23

Valuation change	
25A	25B

Tax	
26A	26B

Total Other change Due Agent	
27A	27B

Shipper cenifies that the particulars on the face hereof are correct and that insofar as any part of the consignment contains dangerous goods. such part is properly described by name and is in proper condition for carriage by air according to the applicable Dangerous Goods Regulations.

Total Other change Due Agent	
28A	28B

31

29A	29B

Signature of Shipper or its Agent

Total Prepaid	Total collect
30A	30B

Currency Conversion Rates	CC Charges in Dest Currency	Execured on(date)	at(place)	Signature of Issuing Carrier or its Agent
33A	33B	32A	32B	32C

For Carriets Use Only at Destination	Charges at Destination	Total Collect Changes	
33	33C	33D	1A 1B

ORIGINAL.3(FOR CONSIGNEE)

任务三　代理报关

任务描述　当航空公司订舱确认后,货代要根据货运委托书等信息缮制相关出口单据。从货主委托信息看,货主要求货代代理报关。请缮制报关单,并带齐报关所需单据,到现场报关。其中,出口口岸:西安咸阳机场;请在 2009 年 9 月 8 日申报,并于 2009 年 9 月 9 日出口,货物净重 20 KGS。

操作步骤

（1）电脑预录入,缮制报关单,如表 6-8 所示。

表 6-8　　　　　　　　中华人民共和国海关出口货物报关单

预录入编号：　　　　　　　　　　　　　　　　　　　　　　　海关编号：

出口口岸	备案号		出口日期		申报日期	
经营单位	运输方式	运输工具名称			提运单号	
发货单位	贸易方式		征免性质		结汇方式	
许可证号	运抵国(地区)		指运港		境内货源地	
批准文号	成交方式	运费		保费		杂费
合同协议号	件数	包装种类		毛重(千克)		净重(千克)
集装箱号	随附单据		生产厂家			
标记唛码及备注						

项号	商品编号	商品名称、规格型号	数量及单位	最终目的国(地区)	单价	总价	币制	征免
01								
02								
03								
税费征收情况								

录入员　　录入单位	兹声明以上申报无讹并承担法律责任	海关审单批注及放行日期(签章)	
		审单	审价
报关员 单位地址	申报单位(签章)	征税	统计
邮编　　电话	填制日期	查验	放行

(2) 备齐报出口关所需单据，并进行审核。报备关需要递交哪些单据？

_____、_____、_____、_____、_____、_____、_____。

任务四　交接发运

任务描述　通关后,货物就可以装上飞机了,请完成装上飞机前后,货代公司需要处理的业务。

操作步骤

(1) 向航空公司交单。请写出随机单据_____、_____、_____、_____、_____。

(2) 向航空公司交货。向航空公司交货,必要时,和航空公司一起清点货物的_____,并进行_____。

(3) 单货验收完毕,航空公司在联单的_____联上签字确认已经收货。

任务五　费用结算

任务描述　货物出运后,货代对航班、货物进行跟踪,为客户做好信息服务,代缴各种费用,并和客户结算费用。其中,除基本运费外,燃油附加费为 USD 100,单证费为 CNY 100,地面运输费为 CNY 200,报关费为 CNY 100。

操作步骤　费用结算,费用结算单如表 6-9 所示。

表 6-9

百通货代公司

SHANGHAI SIRIUS INTERNATIONAL LOGISTICS CO. , LTD.

费用结算单

我司编号:BT2009.0613　　　　　　　客户编号:BT2009.0613
客户名称:　　　　　　　　　　　　预付/到付:
订舱方:　　　　　　　　　　　　　船空公司:
始发站:　　　　　　　　　　　　　空运单号:
船名航次:　　　　　　　　　　　　品名:
起飞日期:　　　　　　　　　　　　委托毛重量:
委托件数:

美元抬头　　　　　　　　　　　　　人民币抬头

费用项目	应付金额	收款单位	费用项目	应收金额	付款单位	备注
基本运费			单证费			
燃油附加费			地面运输费			
			报关费			
USD 应付合计		USD 应收合计		USD 毛利		总毛利
CNY 应付合计		CNY 应收合计		CNY 毛利		

四、项目完成效果评价,如表6-10所示

项目6:过程性评价考核评分表(指导教师用)。

表6-10　　　　　　　　　　　　项目完成效果评价表

姓名			班级		学号	
评价指标	考核项目		考核内容与标准		权重分值	得分
	1. 组织纪律性		遵守实训纪律,不迟到早退缺席,服从指导教师的安排		10	
	2. 工作的积极性、主动性和责任感		工作积极、主动、任劳任怨,有很强的责任感		15	
	3. 专业知识与技能的掌握情况		揽货接单		15	
			订舱		15	
			代理报关		15	
			交接发运		15	
			费用结算		15	
				总分:	100	
指导教师评语:						
					指导教师签字: 　年　月　日	

附件　单据练习

航空货运单,如表6-11所示。

表 6-11　　　　　　　　　　　　航 空 货 运 单

航空货运单

set your taouiacor stops here —　—　—　—　—　—　—　—　—　—　—　—　—　—　—　—　—　Line Up here

| CRN No. | HAWB No. |

| Shipper's Name and Address | Shipper's Account Number | NOT NEADIIABLE
AIR WAYBILL UPS Supply Chain Solutions
AIR CONSICNMENT NOTE
ISSUED BY UPS Supply Chain Solutions, Inc., 12380 Morris Rd., Alpharetta, Ga 30005
Copies 1,2 and 7 of this Air Waybill are originals and have the same validity. |

It is mutually agreed that the goods described were received in good condition(except as noted) for transportation as specified in the Shipper's Letter of Instruction. Since this Shipment involves an ultimate destination or stop in a country other than the country of origin, the Warsaw Convention, as amended, may apply and limits the liability of UPS Supply Chain Solutions for loss or damage to cargo.

| Consignee's Name and Address | Consignee's Account Number | RECEIVED BY UPS Supply Chain Solutions, Inc.AT: |

| Place | Time | Date | No.of Shipments |

| Issuing Carrier's Agent Name and City | Also Notify |

| Agent's LATA Code | Account No. | Third–Party Billing |

Airport of Departure(Address of First Carrier) and Requested Routing

| To | By First Carrier | Routing and Destination | To | By | To | By | Currency | CHGS Code | WT/VAL PPD COLL | Other PPD COLL | Declared Value for Carriage | Declared Value for Customs |

| Airport of Destination | Flight/Date | Flight/Date | Amount of Insurance | INSURANCE–If shipper requests Insurance in accordance with conditions on reverse hereof. indicate amount to be insured in figures in box marked Amount of Insurance. | TC |

For Carner Use Only

Handling Information(Speciat Instructiona)

No. of Pieces RCP	Gross Weight	Kg Lb	Rate Class / Commodity Item No.	Chargeable Weight	Rate / Charge	Total	Nature and Quantity of Goods (Include Dirnensions or Volume)

| Prepaid / Weight Charge / Collect | Other Charges |

Valuation Charge

Tax

| Total Other Charges Due Agent | This air waybill is issued in accordance with the Shipper's Letter of Instruction and is subject to goveming rules and applicable tariffs in effect as of the execution date including the terms and conditions of contract set forth on the reverse side and as set forth in the UPS Supply Chain Solutions Terms and Conditions of Contract at www.ups–scs.com.UPS Supply Chain Solutions shall not be liable for special, incidental, or consequential damages and disclaims all warranties, expressed or implied, with respect to carriage of this shipment. Unless a higher value is declared and an additional charge paid, the liability of UPS Supply Chain Solutions for this shipment is limited to the amount set forth in the UPS Supply Chain Solutions Terms and Conditions of Contract in effect on the date of the shipment. If this shipment contains Dangerous Goods, this air waybill must describe the Shipment and the Shipment must be in condition for carriage, in accordance with the current International Air Transport Association's Dangerous Goods Regulations. |

| Total Other Charges Due Carrier | |

Cumency

| Total Prepaid | Total Collect | Executed on |

| Currency Conversion Rates | CC Charges in Dest Currency | (Date)　　(Time)　　at　　(Place)　　Signature of Issuing Carrier or Its Agent |

| For Carrier's Use Only at Destination | Charges at Destination | Total Collect Charges | These commodities, technology, or software were exported from the United States in accordance with the Export Administration Regutations. Diversion contrary to US law prohibited. |

61010–56(5/05)LITHO U.S.A.　　　6–ORIGIN SALES COPY

项目7 混合货物空运运费的计算

一、实训目标

1. 会根据不同种类的货物计算运费
2. 分清混运货物中不得包括的物品

二、背景资料

北京进出口公司有 80 KGS 新鲜苹果、100 KGS 书本、42 KGS 高级纸巾出口到日本大阪，想委托中国国际货运航空有限公司北京分公司办理航空运输等事宜，最晚 2009 年 10 月 25 日装上飞机，北京进出口公司向中国国际货运航空有限公司提供了一份货运委托书、发票、报关委托书、外汇核销单，请中国国际货运航空有限公司北京分公司代理运输并在指定时间保证货物安全装上飞机。

三、项目实施

Routing：BEIJING,CHINA(BJS) TO OSAKA,JAPAN(OSA)

Commodity：Books and handicraft and APPLE(FRESH)

Gross Weight：100. 0 kgs and 42. 0 kgs and 80. 0 kgs

Dimensions：4pieces 70 cm×47 cm×35 cm and 1 piece 100 cm×60 cm×42 cm

And 2pieces 90 cm×70 cm×32 cm

表 7-1　　　　　　　　　　　运 价 表

BEIJING	CN			BJS
Y. RENMINBI	CNY			KGS
TOKYO	JP		M	230. 00
			N	37. 51
			45	28. 13
		0008	300	18. 80
		0300	500	20. 16
		1093	100	18. 43
		2195	500	18. 80

任务一　计算混合运价

任务描述　使用同一份货运单运输的货物中，包含有不同运价，不同运输条件的货物时，如何计算运费。

操作步骤　计算混合运价。

a. Volume：_____

b. Volume weight：_____

c. Gross weight：_____

d. Chargeable weight：_____

e. applicable rate：_____

f. Total charge：_____

任务二　叙述不能混运的货物

任务描述　分清混运货物中不得包括的物品。

操作步骤　查询 TACT rules，叙述哪些货物不能混运。（以填空形式）

四、项目完成效果评价，如表 7-2 所示

项目 7：过程性评价考核评分表（指导教师用）。

表 7-2　　　　　　　　　　　　**项目完成效果评价表**

姓名		班级		学号	
评价指标	考核项目	考核内容与标准		权重分值	得分
	1. 组织纪律性	遵守实训纪律，不迟到早退缺席，服从指导教师的安排		10	
	2. 工作的积极性、主动性和责任感	工作积极、主动、任劳任怨，有很强的责任感		10	
	3. 专业知识与技能的掌握情况	计算混合运价		60	
		叙述不能混运的货物		20	
			总分：	100	
指导教师评语：					

指导教师签字：
年　月　日

模块四

进口运输代理业务操作

项目8　毛绒玩具整箱进口海运代理业务操作

一、实训目标

1. 会汇集各类单据
2. 能够进行换单作业
3. 能够缮制报关单并完成代理报关业务
4. 能够制作设备交接单
5. 能够审核提单，并办理付费取单业务
6. 会费用科目的核算

二、背景资料

上海祥瑞贸易公司有一批毛绒玩具进口到上海，想委托百通货代公司办理海上运输等事宜，上海祥瑞贸易公司向百通货代公司提供了一份货运委托书、发票、报关委托书，请百通货代公司代理运输报价并在指定时间保证货物安全上船。上海祥瑞贸易公司提供的单据，如表8-1至表8-4所示。

1. 货运代理委托书

表 8-1　　　　　　　　　　　　货运代理委托书

经营单位（托运人）	上海祥瑞贸易公司			编　号	JF0387124
提单 B/L 项目 要求	Shipper 发货人： NOM TRADING COMPANY BESTOFSGADE234，ROTTERDAM，THE NETHERLANDS TEL：32-87654321 FAX：32-87654322 EMAIL：NOM122@NOM.COM				
	Consignee 收货人： SHANGHAI XIANGRUI TRADING CORPORATION 1321 ZHONGSHAN ROAD SHANGHAI，CHINA TEL：8621-65788877 FAX：8621-65788876				
	Notify Party 通知人：THE SAME AS CONSIGNEE				
海洋运费（　） Sea freight	预付（　）或（√）到付 Prepaid or Collect	提单份数	THREE	提单寄送 地　址	

（续表）

起运港	ROTTERDAM	目的港	SHANGHAI	可否转船		可否分批	
集装箱预配数		20'×40'		装运期限		有效期限	
标记唛码	包装件数	中英文货号 Description of goods		毛重千克	尺码（立方米）	成交条件（总货价）	
NTC SDK34567 SHANGHAI C/NO. 1-240	240 箱	绒毛玩具 plush toys		2020	32		
				特种货物 □冷藏	重　件：每件重量		
					□　大　　件 （长×宽×高）		
内装箱 (CFS) 地址				特种集装箱：（　　）			
				物资备妥日期			
				物资进栈：	自送(√)或金发派送（　）		
门对门装箱地址				人民币结算单位账号			
				托运人签章：			
外币结算账号				电　话			
申明事项				联系人：			
				地址：			
				制单日期：　　年　月　日			

2. 代理报关委托书

表 8-2　　　　　　　　　　　　　　代理报关委托书

编号：2200004510976

我单位现（A、逐票　B、长期）委托贵公司代理通关事宜（A、报关查验　B、垫缴税款　C、办理海关证明联　D、审批手册　E、核销手册　F、申办减免税手续　G、其他），详见《委托报关协议》。

我单位保证遵守《海关法》和国家有关法规，保证所提供的情况真实、完整、单货相符。否则，愿承担相关法律责任。

本委托书有效期自签字之日起至 2015 年 2 月 15 日止。

委托方（签章）：**上 海 祥 瑞 贸 易 公 司**
SHANGHAI XIANGRUI TRADING CORPORATION

法定代表或其授权签署《代理报关委托书》的人（签字）　**王丽**

2011 年 1 月 25 日

报关委托协议

为明确委托报关具体事项和各自责任,双方经平等协议商定协议如下:

委托方	上海祥瑞贸易公司	被委托人	百通货运代理公司	
主要货物名称	PLUSH TOYS	*报关单编号	NO.	
H.S编码	95030089	收到单证日期	2011年1月24日	
进出口日期	2011年1月	收到单证情况	合同☑	发票☑
提单号	HJSCLPZE06630703		装箱清单☑	提(运)单☑
贸易方式	一般贸易		加工贸易手册☐	许可证件☐
原产地/货源地	荷兰		其他	
传真号码	32-87654323	报关收费	人民币:80元	

其他要求:	承诺说明:
背面所列通用条款是本协议不可分割的一部分,对本协议的签署构成了对背面条款的同意。	背面所列通用条款是本协议不可分割的一部分,对本协议的签署构成了对背面条款的同意。
委托方业务签章: **上海祥瑞贸易公司** SHANGHAI XIANGRUI TRADING CORPORATION **王丽** 经办人签章:2011年1月25日 联系电话:88888888	被委托方业务签章: 百通货代公司 **苏凝** 经办报关员签章:2011年1月25日 联系电话:67676767

(白联:海关留存、黄联:被委托方留存、红联:委托方留存)　　　　中国报关协会

3. 商业发票

表 8-3

商 业 发 票

NOM TRADING COMPANY

BESTOFSGADE 234, ROTTERDAM, THE NETHERLANDS

TEL:32-87654321；FAX:32-87654322；EMAIL:NOM122@NOM.COM

COMMERCIAL INVOICE

INV. NO.:JF2345

DATE:DEC.12, 2010

CONSIGNEE:

SHANGHAI XIANGRUI TRADING COMPANY

FROM __ROTTERDAM, THE NETHERLANDS__ TO __SHANGHAI, CHINA__

DELIVERY:

PARTIAL SHIPMENTS ALLOWED TRANSHIPMENT NOT ALLOWED

（续表）

MARKS & NO	DESCRIPTIONS OF GOODS	QUANTITY	UNIT PRICE	AMOUNT
NTC SDK34567 SHANGHAI C/NO. 1~240	plush toys ZH3001 ZH3111 ZH3222 SD2342 SD2345	3 000 PCS 600 PCS 600 PCS 500 PCS 100 PCS	FOB Rotterdam USD 1.00/PCS USD 2.00/PCS USD 3.00/PCS USD 4.00/PCS USD 5.00/PCS	USD 3 000.00 USD 1 200.00 USD 1 800.00 USD 2 000.00 USD　500.00
合计：		4 800 PCS		USD 8 500.00

SAY U.S. DOLLARS EIGHT THOUSAND FIVE HUNDRED ONLY

NOM Trading Company

FRED

4. 已装船通知书

表 8-4

装 船 通 知 书

NOM TRADING COMPANY

Bestofsgade 234，Rotterdam，The Netherlands

TEL：32-87654321 FAX：32-87654322 E-mail：nom122@nom.com

SHIPPING ADVICE

P/C：sdk34567

TO：

SHANGHAI XIANGRUI TRADING COMPANY

DEAR SIRS：

WE HEREBY INFORM YOU THAT THE GOODS THE ABOVE MENTIONED CREDIT HAVE BEEN SHIPPED. THE DETAILS OF THE SHIPMENT ARE STATED BELOW.

COMMODITY：　　　　PLUSH TOYS

NUMBER OF CTNS：　　240 CARTONS

OCEAN VESSEL：　　　HANGPU V.56

B/L NO.：　　　　　HJSCLPZE06630703

PORT OF LOADING：　　ROTTERDAM PORT

DATE OF DEPARTURE：　JAN.19，2011

DESTINATION：　　　SHANGHAI PORT

INVOICE NO：　　　JF2345

P/C NO：

L/C NO：

NOM TRADING COMPANY

FRED

三、项目实施

任务一　汇集单据

任务描述　国外船公司先发送海运提单到货代国外代理,货代国外代理发送海运提单到出口商公司,最后国外出口商发送相关单据到国内进口公司,国外出口商再传递单据到国内进口商。随后,进口商对收到的单据进行审核。

操作步骤　进口商汇集如下单据:

a. _____ .　　b. _____ .

c. _____ .　　d. _____ .

e. _____ .　　f. _____ .

g. _____ .

任务二　领取到货通知书

任务描述　货运代理领取到货通知书后,凭加盖出口商正本公章的海洋提单前去船公司换取提货单。

操作步骤　领取到货通知书并审核,如表 8-5 所示。

表 8-5

中 国 对 外 贸 易 运 输 总 公 司

CHINA NATIONAL FOREIGN TRADE TRANSPORT CORPORATION

进口货物到货通知书

TO:百通货代公司

FM:中国对外贸易运输总公司　上海分公司

DD:2011-1-23

　　兹通知贵司的货物预计于 2011-1-27 到达上海港,请尽快至上海航星国际船务代理有限公司

　　上海市杨树浦路333号　TEL:66672228

　　缴清有关费用后,办理换单手续,以免产生滞期费。

船名/航次:			
提单号:			
发货人:			
收货人:			
毛重:	体积:	件数:	箱号:HJCU8910988/053828

（续表）

货物：	标志：

以上资料将作为我司核对舱单以申报海关之用，与贵司报关资料若有任何不符之处，务请贵司于船到前1个工作日提供准确且完整的资料。若贵司没有提供则由此产生的一切责任（海关查柜、扣柜和罚款）将由贵司承担。

　　谢谢贵司的合作！

　　我处联系电话：021-55531010

　　联系人：童祥零

注意事项：

1. 如正本提单提货，请加盖公章背书，如电放提货，请提供相应之提货保函及有背书之副本提单，其他要求按《海商法》办理。

2. 根据《中华人民共和国海商法》的规定，海运货物必须在船舶到港之日14日内向海关申报，逾期由海关收取滞纳金，3个月内不申报提取，将由海关作无主货物处理。

3. 本通知提供之到港日期不作为船舶实际到港日，具体靠港日请接洽上海航星船务代理有限公司。

4. 本公司不承担因通知不到而产生的任何损失。

5. 换单费请自行接洽船代换单处查询。

6. 请收货人换单时出具工作联系单，工作联系单必须注明收货人公司名称、地址、电话、传真、联系人并盖章。

7. 务必在集装箱还空前清除货物所留下的任何杂物，确保箱内干净，否则收货人必须承担因此而产生的任何费用和责任，特别是因箱内残留物而导致的海关罚款。

任务三　换单缴费

任务描述　货运代理领取到货通知书后，凭加盖出口商正本公章的海洋提单前去船公司换取提货单。

操作步骤

（1）缴纳相关费用。

　　a. 货代将＿＿＿＿＿和＿＿＿＿＿等交给外运公司收费员。

　　b. 外运公司工作人员审核无误后向货代收取＿＿＿＿＿等费用。

　　c. 外运公司工作人员收费后在＿＿＿＿＿上盖外运公司"进口提货章"。

　　d. 外运公司工作人员将＿＿＿＿＿交给货代。

（2）填制提货单，如表8-6所示。

表8-6　　　　　　　　　　　　提 货 单

　　港区场站　　3EKK6　　　　　　　　　　　　　　船档号　NO. 0185924

　　　　　　　　　　　　　　　　　　　　　　　　　　日期　　20110108

收货人名称：				
船名：	航次：	起运港：	目的港：	船舶预计到港时间
提单号	交付条款	卸货地点	进库场日期	第一程运输

（续表）

标记与集装箱号/铅封号	货名	集装箱数或件数	重量	体积(M³)

船代公司重要提示： (1) 本提货单中有关船、货内容按照提单的相关显示填制； (2) 请当场核查本提货单内容错误之处,否则本公司不承担由此产生的责任和损失；(Error And Omission Excepted) (3) 本提货单仅为向承运人或承运人委托的雇佣人或替承运人保管货物订立合同的人提货的凭证,不得买卖转让；(Non-negotiable) (4) 在本提货单下,承运人代理人及雇佣人的任何行为,均应被视为代表承运人的行为,均应享受承运人享有的免责、责任限制和其他任何抗辩理由；(Himalaya Clause) (5) 货主不按时换单造成的损失,责任自负； (6) 本提货单中的中文译文仅供参考。 　　　　　　上海海丰国际船舶代理有限公司 取设备交接单或办理码头拆箱业务。我司现场地址：逸仙路 4177 号上海港九区行政大楼 101 室电话：56442453 客户还箱后,凭设备交接单进场联在放箱日起 1 个月内至我司现场办理结费或抽取支票事宜。　船公司章 码头拆箱的客户持拆箱发票至我司现场结清代理还箱费,退换压箱支票。	收货人章 **1** 检验检疫章 **3**	海关章 **2** **4**
注意事项： 1. 本提货单需盖有船代放货章和海关放行章后方始有效。凡属法定检验、检疫的进口商品,必须向检验检疫机构申报。 2. 提货人到码头公司办理提货手续时,应出示单位证明或经办人身份证明。提货人若非本提货单记名收货人时,还应当出示提货单记名收货人开具的证明,以表明其为有权提货的人。 3. 货物超过港存期,码头公司可以按《上海港口货物疏远管理条例》有关规定处理。在规定期间无人提取的货物,按《海关法》和国家有关规定处理。	**5**	**6**

任务四　代理报关

任务描述　作为百通货代公司报关部门的一名报关员,请为上海祥瑞贸易公司在 2011 年 1 月 25 日填写报关单,在 2011 年 1 月 26 日向吴淞海关申报,具体运输信息见前述单据。其中,贸易方式为一般贸易,进口日期为 2011 年 1 月 24 日,许可证号：39479233386,成交方式：FOB,合同协议号：Sdk3456,该票货物净重：1 900 KGS,运费为 USD 1 000,保费 USD 500。

操作步骤

（1）填写进口货物报关单，如表8-7所示。

表8-7 中华人民共和国海关进口货物报关单

预录入编号： 海关编号：

出口口岸		备案号		进口日期		申报日期	
经营单位		运输方式		运输工具名称		提运单号	
收货单位		贸易方式		征免性质		结汇方式	
许可证号		起运港(地区)		装货港		境内目的地	
批准文号		成交方式		运费	保费		杂费	
合同协议号		件数		包装种类	毛重(千克)		净重(千克)	
集装箱号		随附单据			生产厂家			
标记唛码及备注							

项号	商品编号	商品名称、规格型号	数量及单位	原产国(地区)	单价	总价	币制	征免
01								
02								
03								
04								
05								

税费征收情况				
录入员 录入单位		兹声明以上申报无讹并承担法律责任	海关审单批注及放行日期(签章)	
报关员		申报单位(签章)	审单	审价
单位地址			征税	上海吴淞海关验讫章
邮编 电话	填制日期		查验	放行

（2）备齐报关所需单证（教师可以以填空形式让学生完成）。

（3）模拟现场报关。

a. 报关员在_____签章，携带_____

等单据到现场报关。

b. 海关在_____和_____等单据上签字盖章。

c. 报关员将_____等单据交给货代员。

任务五　提货预约

任务描述　货代委托运输，司机接受委托后货代递交提货单、费用账单（2 联）交货记录（2 联），并领取设备交接单，随后司机在堆场提箱后，将货物交给收货人。集装箱为 1×40GP，铅封号为：SDK34567，提箱地点为：洋山一期，收箱地点为：外高桥码头（杨高北一路 88 号），卡车司机为：赵非，码头值班员为：夏雨。

操作步骤　请根据所提供的信息，正确填制"集装箱设备交接单"中各相应栏目。集装箱设备交接单：如表 8-8 所示。

表 8-8　　　　　　　　　　集装箱设备交接单　　　　　　　　　　OUT　出场

EQUIPMENT INTERCHANGE RECEIPT

用箱人/运箱人(CONTAINER USER/HAULIER)			提箱地点(PLACE OF DELIVERY)			
提单号(B/L NO.)			返回/收箱地点(PLACE OF RETURN)			
船名/航次 (VESSEL/VOYAGE NO.)	集装箱号 (CONTAINER NO.)		尺寸/类型 (SIZE/TYPE)		营运人 (CNTR. OPTS)	
发往地点 (DELIVERED TO)	铅封号 (SEAL NO.)		免费期限 (FREE TIME PERIOD)		运载工具编号 (TRUCK WAGON. BAFSE NO.)	
出场目的/状态 (PPS OF GATE-OUT/STATUS)		进场目的/状态 (PPS OF GATE-IN/STATUS)		出场日期 (TIME OUT)	进场日期 (TIME IN)	
				月　日　时　/　月　日　时		
出场检查记录(INSPECTION AT THE TIME OF INTERCHANGE)						
普通集装箱 (GP CONTAINER)	冷藏集装箱 (RF CONTAINER)		特种集装箱 (SPECIAL CONTAINER)		发电机 (GEN SET)	
□正常(SOUND) □异常(DEFECTIVE)	□正常(SOUND) □异常(DEFECTIVE)		□正常(SOUND) □异常(DEFECTIVE)		□正常(SOUND) □异常(DEFECTIVE)	
损坏记录及代号(DAMAGE & CODE)	BR 破损 (BROKEN)	D 凹损 (DENT)	M 丢失 (MISSING)	DR 污箱 (DIRTY)	DL 危标 (DG LABE)	

（续表）

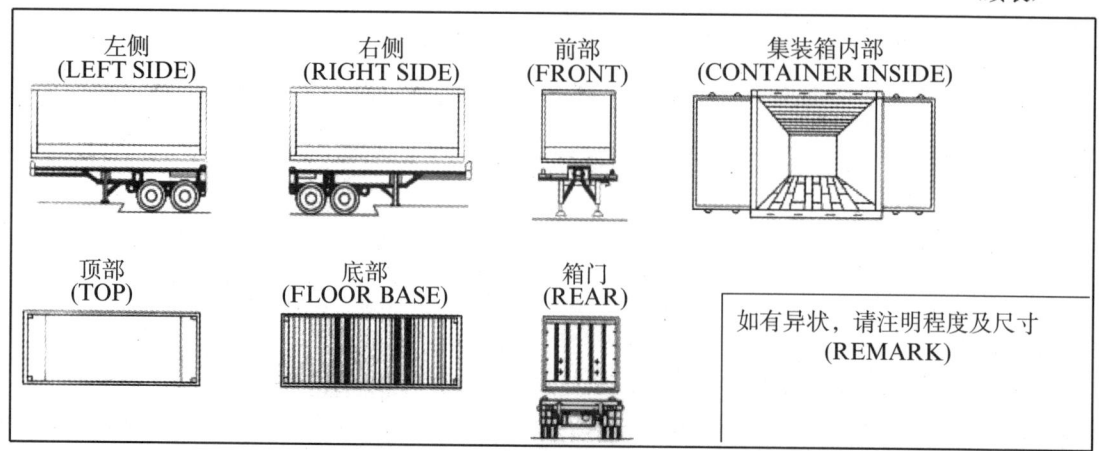

除列明者外,集装箱及集装箱设备交接时完好无损,铅封完整无误。
THE CONTAINER/ASSOCLATED EOUIPMENT NTERCHANGED IN SOUND
CONDTION AND SEAL INTACT UNLESS OTHERWISE STATED

用箱人/运箱人签署　　　　　　　　　　　　　码头/堆场值班员签署
(CONTAINER USER/HAULIERS SIGNATURE)　　(TERMINAL/DEPOT CLERKS SIGNATURE)

任务六　提取货物

任务描述　司机进入集装箱货运站提取货物,将货物送达货主后回堆场还箱。

操作步骤

(1) 司机_____。

(2) 拖车司机将拖车开进_____。

(3) 司机送货到_____。

(4) 司机还_____。

任务七　费用结算

任务描述　百通货代公司与上海祥瑞贸易公司清算费用。其中,基本运费 USD 700,燃油附加费 USD 300,换单费 CNY 400,单证费 CNY 100,订舱费 CNY 200,报关费 CNY 100,替港务局代收码头操作费 CNY 400,内陆运输费 CNY 1 000。

操作步骤　清算相关费用。

根据报价和船公司港杂费账单制作费用账单提供给客户,确认并付费。费用结算单,如表8-9所示。

表 8-9

百通货代公司

SHANGHAI SIRIUS INTERNATIONAL LOGISTICS CO., LTD.

费用结算单

我司编号:BT2011001	客户编号:BT2011001
客户名称:	预付/到付:
订舱方:	船公司:
卸(装)港:	提单号:
船名航次:	箱型箱量:
开船日:	品名:
委托件数:	委托毛重量:
委托体积:	

（续表）

美元抬头			人民币抬头			
费用项目	应付金额	收款单位	费用项目	应收金额	付款单位	备注
基本运费			换单费			
燃油附加费			单证费			
			订舱费			
			报关费			
			码头操作费			
			内陆运输费			
USD 应付合计		USD 应收合计		USD 毛利		总毛利
CNY 应付合计		CNY 应收合计		CNY 毛利		

四、项目完成效果评价,如表 8-10 所示。

项目8：过程性评价考核评分表（指导教师用）。

表 8-10　　　　　　　　　　项目完成效果评价表

姓名			班级		学号	
评价指标	考核项目		考核内容与标准		权重分值	得分
	1. 组织纪律性		遵守实训纪律,不迟到早退缺席,服从指导教师的安排		15	
	2. 工作的积极性、主动性和责任感		工作积极、主动、任劳任怨,有很强的责任感		15	
	3. 专业知识与技能的掌握情况		汇集单据		10	
			领取到货通知书		10	
			换单缴费		10	
			代理报关		10	
			提货预约		10	
			提取货物		10	
			费用结算		10	
				总分:	100	
指导教师评语：						
				指导教师签字： 　　年　月　日		

项目9 杏仁巧克力进口空运代理业务操作

一、实训目标

1. 熟悉空运进口的一般流程
2. 在与航空公司的地面代理人进行交接单货时,学会处理异常情况
3. 学会将食品包装上的外文标签翻译成中文标签
4. 学会理单,正确向客户通知到货情况
5. 能够办理航空货物进口检验业务
6. 熟练缮制食品进口《入境货物报检单》《入境货物通关单》
5. 能够办理航空货物进口报关业务

二、背景资料

上海食品进出口有限公司要从日本的日本明治乳业株式会社(英文简称 MEIJI COMPANY,LTD)进口一批杏仁巧克力。经多次商谈,双方于 2010 年 4 月 15 日签订了国际货物买卖合同,合同编号为 JH006082。该票货物由东京的成田国际机场空运至上海浦东国际机场。货物定于 2010 年 5 月 15 日到达。2010 年 5 月 12 日,上海食品进出口有限公司委托上海柯莱国际货运有限公司(英文名称:SHANGHAI CRANE INTERNATIONAL TRANSPORTATION CO,. LTD.)办理航空进口货运相关事宜及进口报检报关事宜,并将清关后的货物送到客户单位。

上海食品进出口有限公司提供单据,如表 9-1 至表 9-3 所示。

1. 商业发票

表 9-1

商 业 发 票

MEIJI COMPANY, LTD.

7-9-10, TATEISHI, KATSUSHIKA-KU, TOKYO 124 8511, JAPAN

COMMERCIAL INVOICE

INVOICE NO.：10040619 DATE：MAY 12, 2010	S/C NO.：JH006082 L/C NO.：LT-1580
FOR ACCOUNT & RISK OF MEESSES SHANGHAI FOOD IMPORT & EXPORT LIMITED COMPANY 36/F 388 FUZHOU RD., SHANGHAI CHINA	SHIPPING MARK SHANGHAI C/NO.：1-10 MADE IN JAPAN
SHIPPING BY：AIR FROM：TOKYO TO：SHANGHAI PAYMENT：T/T IN ADVANCE	

ITEM	DESCRIPTIONS OF GOODS	QUANTITY (CTNS)	UNIT PRICE (USD)	AMOUNT (USD)
1	Almond chocolate	10	CPT USD 200.00/CTN	USD 2 000.00

TOTAL AMOUNT：SAY US DOLLARS TWO THOUSAND ONLY.

2. 装箱单

表 9-2　　　　　　　　　　　装　箱　单

MEIJI COMPANY，LTD.

7-9-10，TATEISHI, KATSUSHIKA-KU, TOKYO 124 8511，JAPAN

PACKING LIST

INVOICE NO.：10040619 DATE：MAY. 12，2010	S/C NO.：JH006082 L/C NO.：LT-1580
FOR ACCOUNT & RISK OF MEESSES SHANGHAI FOOD IMPORT & EXPORT LIMITED COMPANY 36/F 388 FUZHOU RD.，SHANGHAI CHINA	SHIPPING MARK SHANGHAI C/NO.：1-10 MADE IN JAPAN

SHIPPING BY：AIR　　　FROM：TOKYO　　　TO：SHANGHAI

ITEM	DESCRIPTIONS OF GOODS	QUANTITY (CTNS)	N. W. (KGS)	G. W. (KGS)	MEAS(CM)
1	Almond chocolate	10	46.80	49.80	

SAY TOTAL：TEN(10) CARTONS ONLY.

3. 代理报关委托书

表 9-3　　　　　　　　　　代理报关委托书

编号：2200004510976

我单位现(A. 逐票　B. 长期)委托贵公司代理(A. 报关查验　B. 垫缴税款　C. 办理海关证明联 D. 审批手册　E. 核销手册　F. 申办减免税手续　G. 其他)通关事宜,详见《委托报关协议》。我单位保证遵守《海关法》和国家有关法规,保证所提供的情况真实、完整、单货相符。否则,愿承担相关法律责任。

本委托书有效期自签字之日起至 2010 年 5 月 29 日止。

委托方(签章)：**上海食品进出口有限公司**

SHANGHAI FOOD IMPORT & EXPORT LIMITED COMPANY

法定代表或其授权签署《代理报关委托书》的人(签字)　**张俊峰**

2010 年 05 月 12 日

委托报关协议

为明确委托报关具体事项和各自责任,双方经平等协议商定协议如下:

委托方	上海食品进出口有限公司	被委托人	上海柯莱国际货运有限公司		
主要货物名称	杏仁巧克力	＊报关单编号	NO.		
H.S 编码	18069000	收到单证日期	2010 年 5 月 16 日		
进出口日期	2010 年 5 月 15 日	收到单证情况	合同☑	发票☑	
提单号			装箱清单☑	提(运)单☑	
贸易方式	一般贸易		加工贸易手册☐	许可证件☐	
原产地/货源地	东京		其他		
传真号码	02166501234	报关收费	人民币:300 元		
其他要求:		承诺说明:			
背面所列通用条款是本协议不可分割的一部分,对本协议的签署构成了对背面条款的同意。		背面所列通用条款是本协议不可分割的一部分,对本协议的签署构成了对背面条款的同意。			
委托方业务签章: 上海食品进出口有限公司 SHANGHAI FOOD IMPRT & EXPORT LIMITED COMPANY 张俊峰 经办人签章:2010 年 5 月 联系电话:02166501234		被委托方业务签章: 上海柯莱国际货运有限公司 经办报关员签章:陈杰豪　2010 年 5 月 12 日 联系电话:02156680821			

(白联:海关留存、黄联:被委托方留存、红联:委托方留存)　　　　　　　中国报关协会

三、项目实施

任务一　揽货,接受委托

任务描述　货代公司首先通过各种途径寻求客户,并与客户达成合作机会,接受客户的空运进口委托。同时,货代公司需要与国外的发货人、发货地代理取得联系,获取相应信息。

操作步骤

(1) 接受委托。货代公司通过哪些途径获取客户信息?

a. ＿＿＿＿＿.　b. ＿＿＿＿＿.　c. ＿＿＿＿＿

(2) 获取信息。货代公司主要获取哪些信息?

任务二　接单接货

任务描述　航空货物入境时,与货物相关的运单、发票、装箱单等单据也随机到达,运输工具及货物处于海关监管之下。货物卸下后,将货物存入航空公司或机场的监管仓库,然后将舱单上总运单号、收货人、始发站、目的站、件数、重量、货物品名、航班号等信息通过电脑传输给海关留存,供报关用。同时,寄发取货单和提货通知。货代凭借提货通知到航空公司换取航空

运单,如表 9-4 所示。

表 9-4　　　　　　　　　　　航 空 货 运 单

Shipper's Name and Address	Shipper's Account Number	Not negotiable
MEIJI COMPANY, LTD. 7-9-10, TATEISHI, KATSUSHIKA-KU, TOKYO 124 8511, JAPAN		JAPAN AIR Air Way Bill

Consignee's Name and Address	Consignee's Account Number	
SHANGHAI FOOD IMPORT&EXPORT LIMITED COMPANY36/F 388 FUZHOU RD., SHANGHAI CHINA		

Issuing Carriers Agent Name and City		Accounting Information
Agents IATA Code	Account No.	
Airport of Departure NRT		FREIGHT PREPAID

To	By First Carrier	Routing and Destination	To	By	To	By	Currency	CHGS Code	WT/VAL		OTHER		Declared Value for Carriage	Declared Value for Customs
									PP	CC	PP	CC		
SHA	JA						USD		*		*		NVD	NCV

Airport of destination	Requested flight/date	Amount of insurance	If shipper requests insurance in accordance with the conditions, There of indicate amount to be insured in figures in box marked "Amount of Insurance"
PVG	JA510/12		

Handling information DOC. ATTD	SCI

No. of pieces	Gross Weight	Kg Lb	Rate Class		Chargeable Weight	Rate/ Charge	Total	Nature and Quantity of Goods (incl. Dimensions of Volume)
10	49.8	K	Q	Commodity Item No.	50.00	CPT 10.13	506.50	Almond chocolate 40 CM×30 CM×20 CM×10

Prepaid	Weight charge	collect	Other Charges
USD 506.50			

Prepaid	Valuation charge	collect	Signature of Shipper or his Agent
			MEIJI COMPANY, LTD.

Tax	
Total other charges due to agent	Executed on(date) at(place) Signature of Issuing Carrier
Total other charges due to carrier	MAY. 14,2010
Total prepaid　　total collect	

For carriers use only at destination	Charges at Destination	Total Collect Charges	JAW-1538 1461

航空公司的地面代理人向货运代理公司交接单证。交接时要做到单单核对,单货核对。

操作步骤

(1)更新进口程序的系统数据。货物到达后,货代公司的进口部要在相应的系统软件中更新数据,从而随时查阅货物的到达情况,同时要将运输单据用 E-mail 方式发给收货人准备报关。

(2)接单接货。货代从机场货运站取出运输单据,场站把货物运到货代的仓库。航空公司的地面代理要向货代公司交接哪些单据呢?代理交接单,如表 4-15 所示。

(3)异常问题处理。试想在交接单据与货物时,可能出现单货不相符,货物短缺、延误或损坏等异常情况。

a. 单货不相符。

表 9-5

本页小计　计数＿＿＿＿＿＿＿　　重量＿＿＿＿＿＿＿

累计　　　货物票数＿＿＿＿＿＿　　记录数＿＿＿＿＿＿

CHINA CARGO AIR

国际进口货物　代理交接单

代理:＿＿＿＿＿＿＿＿＿＿＿＿　　航班日期:＿＿＿＿＿＿＿＿＿

运单号	件数	重量	特殊货	联程	不正常货物	航班号	仓库	分批

航空公司:＿＿＿＿＿＿＿　　地面代理公司:＿＿＿＿＿＿＿　　货代公司:＿＿＿＿＿＿

如果出现单货不相符,应如何处理?如表 9-6 所示。

表 9-6　　　　　　　　　　　　　　**出现的问题及处理方式**

总运单	清单	货物	处理方式
有	无	有	
有	无	无	
无	有	有	
无	有	无	
有	有	无	
无	无	有	

b. 货物短缺、延误或损坏。在出现货物的短缺、延误或损坏时,应如何处理? 需要填写什么记录? 如表 9-7 所示。

表 9-7　　　　　　　　　　　　货物短缺、延误或损坏的处理方式

异常情况	处 理 方 式
货物短缺	
货物延误	
货物损坏	

任务三　理货与仓储

任务描述

(1) 航空货运代理公司从航空公司接货后,将货物短途驳运进自己的监管仓库,组织理单理货和进行仓储。

(2) 航空货代公司需要根据中国海关和出入境检验检疫局的要求,将进口食品(杏仁巧克力)包装上的外文标签全部翻译成规范的、符合商检局和海关要求的中文,并将中文标签贴在包装上,便于海关和商检局进行检查,如果中文标签不符合规定,那么需要根据要求进行整改。

操作步骤

(1) 理货操作步骤包括＿＿＿＿＿＿＿＿＿＿＿＿＿＿＿。

(2) 仓储操作步骤包括＿＿＿＿＿＿＿＿＿＿＿＿＿＿＿。

(3) 将表 9-8 中外文标签翻译成符合中国海关和出入境检验检疫局要求的中文标签,如表 9-8 所示。

表 9-8　　外文标签翻译成中文标签示例表

ALMOND
ALMOND
明治 meiji
明治杏仁夹心巧克力
Meiji Quality
净含量:80克
明治アーモンドチョコレート

ALMOND
明治 meiji
明治杏仁夹心巧克力
明治アーモンドチョコレート
净含量:80克
ALMOND
明治杏仁夹心巧克力

明治杏仁夹心巧克力
明治质量保证
检验合格
6 940996 701069

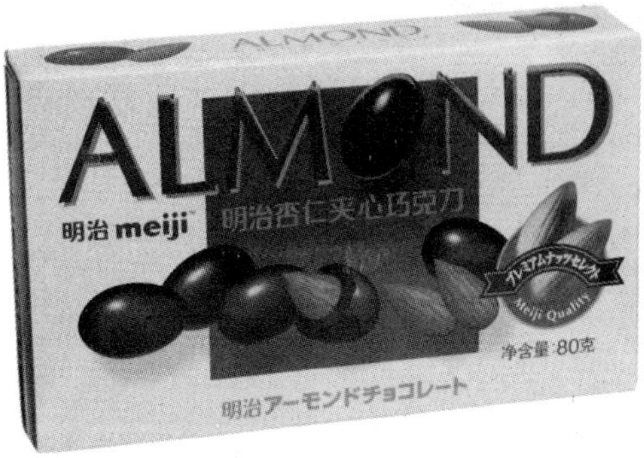

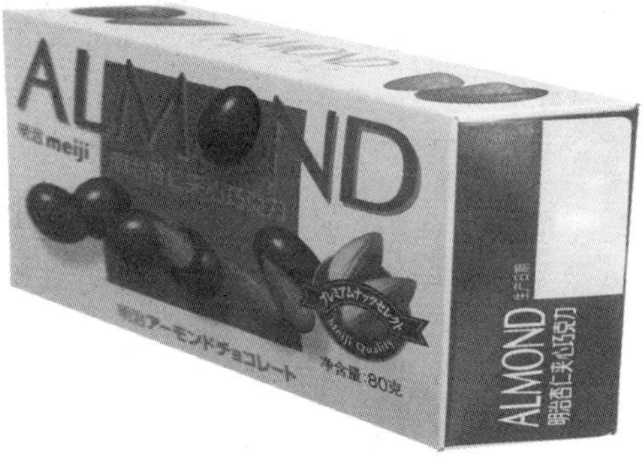

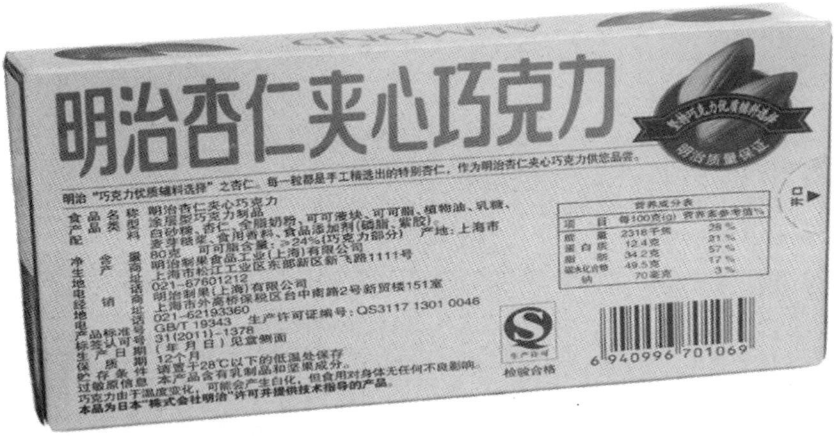

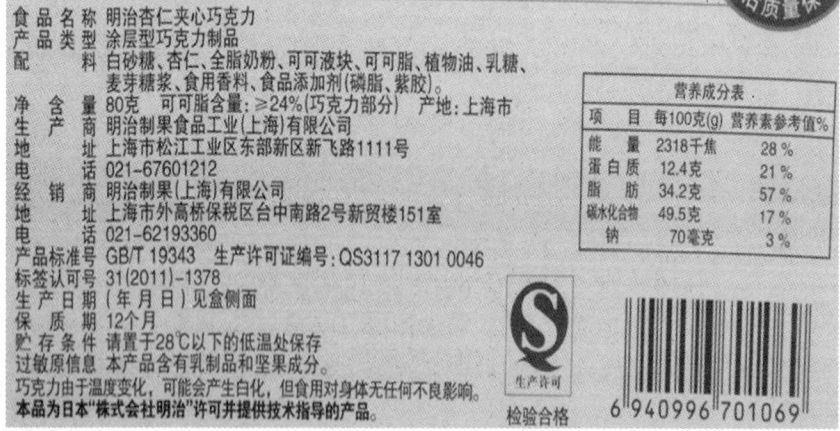

食品名称 明治杏仁夹心巧克力
产品类型 涂层型巧克力制品
配　　料 白砂糖、杏仁、全脂奶粉、可可液块、可可脂、植物油、乳糖、麦芽糖浆、食用香料、食品添加剂(磷脂、紫胶)。
净 含 量 80克　可可脂含量:≥24%(巧克力部分)　产地:上海市
生 产 商 明治制果食品工业(上海)有限公司
地　　址 上海市松江工业区东部新区新飞路1111号
电　　话 021-67601212
经 销 商 明治制果(上海)有限公司
地　　址 上海市外高桥保税区台中南路2号新贸楼151室
电　　话 021-62193360
产品标准号 GB/T 19343　生产许可证编号:QS3117 1301 0046
标签认可号 31(2011)-1378
生产日期 (年月日)见盒侧面
保 质 期 12个月
贮存条件 请置于28℃以下的低温处保存
过敏原信息 本产品含有乳制品和坚果成分。
巧克力由于温度变化，可能会产生白化，但食用对身体无任何不良影响。
本品为日本"株式会社明治"许可并提供技术指导的产品。
营养成分表
项　目 每100克(g) 营养素参考值%
能　量 2318千焦 28%
蛋白质 12.4克 21%
脂　肪 34.2克 57%
碳水化合物 49.5克 17%
钠 70毫克 3%
生产许可
检验合格
6 940996 701069

(4) 航空货运代理公司报检人员向中国出入境检验检疫局申请进口食品标签的审核，需要填写《进出口食品标签审核申请书》，如表 9-9 所示。

表 9-9　　　　　　**中华人民共和国国家质量监督检验检疫总局**
进出口食品标签审核申请书

申请书编号：

申请单位名称					
地址					
邮箱		电话		传真	
联系人		电话		传真	
食品品牌/名称					
生产厂商 （名称及地址）					
经销单位			商品条形码		
包装规格及材料					
原产国或地区			销售国或地区		

需提供的材料

编号	材料名称	√	编号	材料名称	√
1	食品标签的样张7套，难以提供样张的，可提供有效照片，或扫描打印样张		2	出口企业卫生许可证	
3	产品生产商或经销商营业执照		4	如产品的配料为"纯天然"等，或产品为"高……"，"低……"，或涉及年份、酒精、荣誉证书等特征性指标的提供原产地有效说明材料	
5	该产品在生产国（地区）的官方允许销售的证明或原产地证明				

注：1. 提供材料的划"√"，需加盖申请单位公章；
　　2. 外文内容须有中文译文；
　　3. 材料要装订成册（两套）。

备注	

　　本产品申请单位保证：本申请表中所申报的内容和所附资料均真实、准确、可靠、科学，如有不实之处，我单位愿承担法律责任，及由此造成的一切后果。
　　申请单位代表签名（盖章）：　　　　日期：

受理人：
日期：

━受理机构在本申请书上明确标注日期和盖章后证明其已正式受理申请，在申请受理之日起7个工作日内完成审查，并上报质检总局审核。
━申请材料不齐全或不符合要求的应当场告知，或在5个工作日内一次告知申请人须补正的全部内容，逾期不告知的，自收到申请材料之日起即为受理。
━申请人将需检验的样品寄至或送达中国检验检疫科学研究院食品部。（地址：北京市朝阳区高碑店北路甲3号，邮编：100025）检测查询电话：010-85771629。
━与请单位将标签审核费汇至指定的财政专户，每种300元人民币。
━咨询网址：www.sasia.gov.cn.咨询电话：010-85747792/85747795/85773355-2126/85773355-2128。

(5) 经中国出入境检验检疫局对进口食品(杏仁巧克力)包装上的中文标签进行审核后,如果中文标签完全符合规定和要求,则可销售使用;如果包装上的中文标签不符合中国海关和出入境检验检疫局的要求和规定,那么需要根据要求进行整改,整改合格后产品方可销售使用。

一般情况下,进口食品包装上的中文标签不规范存在以下四个方面:① 进口食品标签存在品名标识不规范;② 营养成分表标识不规范;③ 配料中的原辅料标识不规范;④ 警示用语标识不规范等问题。

任务四 理单与到货通知

任务描述 场站或航空公司在海关链接系统中输入主、分运单数据,货代公司核对并确认通过海关系统输入的数据,并把始发地的运输单据递交给收货人机场办公室,最后通知收货人。

操作步骤

(1) 整理分运单和发运清单并分类编号。可以按照哪些方式进行分类? _____

(2) 编配各类单证。 _____

(3) 到货通知。货物到达目的港后,货运代理人应尽早、尽快通知货主。

a. 试问货代公司如何才能做到尽早尽快地通知呢? 如果通知晚,会出现什么后果?

_____

b. 填写国际空运货运到货通知书,如表 9-10 所示。

表 9-10

国际货运有限公司

国际空运货运到货通知书

致_____ 查询编号_____

兹有贵单位下列空运进口货物已于_____年_____月_____日运抵上海,总运单号_____
分运单号_____,件数_____,重量_____,到付运费及手续费_____。

请带合同、安放票等报关所需文件,前往我司机场办公室办理海关和提货手续。
接待时间:09:00—11:30 13:00—16:30
提货时间:09:00—11:30 13:00—17:30
本公司自货物到达之日起免费保管 3 天(外地 5 天),逾期我司将收取保管费每天每千克 RMB _____
元,10 天后保管费用加倍计收;冷藏品、危险品、贵重品无免费保管期,仓储费率按 RMB _____ 元/千克/天
计收,7 天以后加倍,未到付运费须在提货前付清。
自货物到达上海 14 天后未办理海关手续和逾期 3 个月未提的,我司将根据“中华人民共和国海关法”第十
八条和第二十一条处理。
为了方便客户,本公司设有代理报检、代理报关和送货上门等服务项目,如委托我司办理上述业务,请填写委
托书与本公司进口部联系。联系方式如下:

机场办公室:
提货仓库地址:
以上货物完好无损,已提取,此据。

提货单位盖章签字:_____

国际货运有限公司

_____年_____月_____日

注:提货前请在本通知书上盖单位公章
如需国定节假日提货,请事先联系

任务五 代理报检报关

任务描述 报检是收货人或其代理人对所进口的货物进行报检、缴费,检验检疫机构进行查验抽样、出证放行的过程。报关是在进口货物向海关申报后,海关进行初审、审单、征税、验放等主要工作的过程。

操作步骤

(1) 报检。根据任务资料及表 9-11 内容,填写入境货物报检单,根据表 9-11 中所给出的资料填写《入境货物报检单》,如表 9-12 所示。

表 9-11 填制入境货物报检单资料表

编号:442200205000588E 上海柯莱国际货运有限公司单位登记号:4401005812 报检联系人:李杰 电话:66501235 报检日期:2010 年 5 月 16 日 货物 H. S. 编码:18069000 产地:日本东京 货物存放地点:上海浦东国际机场 柯莱监管仓库 随附单据:合同 发票 装箱单 空运单 报关单 需要单证:品质证书 1 正 3 副 卫生证书 1 正 3 副 检验检疫费:100 元人民币 计费人:侯敏 收费人:刘朝晖 领证日期:2010 年 5 月 16 日

表 9-12 中华人民共和国出入境检验检疫
入境货物报检单

报检单位(加盖公章): 编 号:_____

报验日期:____年____月____日

报检单位登记号: 联系人: 电话:

发货人	(中文)				
	(外文)				
收货人	(中文)				
	(外文)				

货物名称(中/外文)	H. S. 编码	产地	数/重量	货物总值	包装种类及数量
运输工具名称号码		贸易方式		货物存放地点	
合同号		信用证号		用途	
到货日期					
启运地					
集装箱规格、数量及号码					

（续表）

合同、信用证订立的 检验检疫条款或特殊要求		标记及号码	随附单据（划"√"或补填）
需要证单名称（划"√"或补填）			检验检疫费
品质证书 重量证书 兽医卫生证书 健康证书 卫生证书 动物卫生证书	植物检疫证书	总金额 （人民币）	
		计费人	
		收费人	
报检人郑重声明： 1. 本人被授权报检。 2. 上列填写内容正确属实，货物无伪造或冒用他人的厂名、标志、认证标志，并承担货物质量责任。 　　　　　　签名：＿＿＿＿＿		领　取　证　单	
		日　期	
		签　名	

（2）中国出入境检验检疫局商检人员审核航空货运代理公司报检员递交的全套进口食品（杏仁夹心巧克力）的报检单据后，如果符合申请要求，签发入境货物通关单，如图 9-13 所示。

表 9-13　　　　　　　　中华人民共和国出入境检验检疫
入境货物通关单

编号：

1. 收货人		5. 标记及号码
2. 发货人		
3. 合同/提运单号	4. 输出国家或地区	
6. 运输工具名称及号码	7. 目的地	8. 集装箱规格及数量

（续表）

9. 货物名称及规格	10. H.S.编码	11. 申报总值	12. 数/重量、包装数量及种类

13. 证明

上述货物业已报检/申报,请海关予以放行。

签字: 日期: 年 月 日

14. 备注

（3）报关。根据任务资料及表9-14内容填写入境货物报关单,如表9-15所示。

表 9-14 填制进口货物报关单资料表

进口口岸:机场海关 2513 申报日期:2010 年 5 月 17 日
经营单位:上海食品进出口有限公司 3019218116
收货单位:上海食品进出口有限公司 3019218116
贸易方式:一般贸易(0110) 征免性质:一般征税(101)
运费:USD 506.50
随附单据:报关单、发票、装箱单、空运单、报关委托书
录入员:陈杰豪 录入单位:上海柯莱国际货运有限公司
申报单位:上海食品进出口有限公司
报关员:陈杰豪
填制日期:2010 年 5 月 17 日

表 9-15　　　　　　　　　中华人民共和国海关进口货物报关单

预录入编号：　　　　　　　　　　　　　　　　　　　　　　海关编号：

进口口岸		备案号		进口日期		申报日期	
经营单位		运输方式	运输工具名称		提运单号		
收货单位		贸易方式		征免性质		结汇方式	
许可证号		起运国(地区)		装货港		境内目的地	
批准文号		成交方式	运费		保费		杂费
合同协议号		件数	包装种类		毛重(千克)		净重(千克)
集装箱号		随附单据		用途			

标记唛码及备注

项号	商品编号	商品名称、规格型号	数量及单位	原产国(地区)	单价	总价	币制	征免

税费征收情况

录入员　　录入单位	兹声明以上申报无讹并承担法律责任	海关审单批注及放行日期(签章)	
报关员 单位地址	申报单位(签章)	征税　　　审价	
邮编　　电话　　填制日期		查验　　　放行	

任务六　收费发货

任务描述　办完报关、报检等手续后，客户凭盖有海关放行章、动植物报验章、卫生检疫报验章的进口提货单到所属监管仓库付费提货。货代公司仓库在发放货物前，一般先将费用收妥。

操作步骤

(1)依据业务罗列费用,模拟收费操作:货运代理公司仓库在发放货物之前,一般先将费用收妥。

该票货物共涉及如下费用:抽单费 200 元,仓储费 10 元,地面服务费 50 元,理货费 50 元,劳务费 100 元,出仓费 20 元,报关费 300 元,三检费 100 元,送货费 200 元,税费 500.12 元,总计_____元。

(2)请模拟发货、送货操作。

四、项目完成效果评价

项目 9:过程性评价考核评分表(指导教师用)。

表 9-16　　　　　　　　　　　项目完成效果评价表

姓名		班级		学号	
评价指标	考核项目	考核内容与标准		权重分值	得分
	1. 组织纪律性	遵守实训纪律,不迟到早退缺席,服从指导教师的安排		10	
	2. 工作的积极性、主动性和责任感	工作积极、主动、任劳任怨,有很强的责任感		10	
	3. 专业知识与技能的掌握情况	接受委托		10	
		接单接货		15	
		理货仓储		10	
		理单与到货通知		15	
		代理报检报关		20	
		收费发货		10	
		总分:		100	
指导教师评语:					
				指导教师签字: 年　月　日	

附件　单据练习

需填写的单据,如表 9-17 至表 9-22 所示。

1. 航空货运单

表 9-17　　　　　　　　　　　　　　航 空 货 运 单

1A	1	1B		1A	1B

Shipper's Name and Address 2	Shipper's Account Number 3	航空公司　1C　　1D It is agreed that the goods described herein are accepted in apparent goods order and condition(except as noted)for camiage SUBJECT TO THE CONDITIONS OF CONTRACT ON THE REVERSE HEREOF. ALL GOODS MAY BE CARRIED BY AND OTHER MEANS INCLUDING ROAD OR ANY OTHER CARRIER UNLESS SPECIFIC CONTRARY INSTRUCTIONS ARE GIVEN HEREON BY THE SHIPPER, AND SHIPPER AGREES THAT THE SHIPMENT MAY BE CARRIED VIAINTERMEDIATE STOPPING PLACES WHICH THE CARRIER DEEMS APPROPRIATE. THE SHIPPER'S ATTENTION IS DRAWN TO THE NOTICE CONCERNING CARRIER'S LIMITATION OF LIABILITY. Shipper may increase such limitation of liability by declaring a higher value for carriage and paying a supplemental charge if required.　1E
Consignee's Name and Address 4 Telephone:	Consignee's Account Number 5	
Issuing Carrier's Agent Name and City 6		Accounting Infomation 10
Agent's IATA Code 7	Account No. 8	
Airport of Departure(Addr.of First Carrier) and Requested Routing 9		Reference Number　　Optional Shipping Infomation

To	By First Carrier	Routing and Destination	To	By	To	By	Currency Code	CHGS Code	WT/NAL		Other		Declared Value for Camiage	Declared Value for Customs
									PPD	COLL	PPD	COLL		
11A	11B		11C	11D	11E	11F	12	13	14A	14B	15A	15B	16	17

Airport of Destination 18	Requested Flight/Date 19A 19B	Amount of Insurance 20	INSURANCE–If Carrier offers insurance. and such insurance isrequested in accordance with the conditions thereof, indicate amout to be insured in figures in box marked 'amount of insurance'

Handing Infomation
21
(for U.S.A use only)These commodities,technology or software were exported from the United States in accordance with the Export Administration regulations. Diversion contrary to USA lau prohibited.　SCI　21A

No.of pieces RCP	Gross Weight	kg lb	Rate Class	Chargeable Weight	Rate/ Charge	Total	Nature and Quantity of Goods (Incl.Dimension or Volume)
			Commodity Item No.				
22A	22B	22C 22Z	22E	22F	22G	22H	22I
22J	22K	22D				22L	

Prepaid Weight Charge Collect		Other Charges 23
24A	24B	
Valuation Charge		
25A	25B	
26A Tax	26B	
Total Other Charges Due Agent		Shipper certifles that the particulars on the face hereof are correct and that insofar as any part of the consignmen contains dangerous goods, such part is properly described by name and is in proper condition for carriage by ai according to the applicable Dangerous Goods regulations.　31
27A	27B	
Total Other Charges Due Carrier		
28A	28B	
29A	29B	Signature of Shipper or his Agent
Total Prepaid Total Collect		23A　　32B　　32C
30A	30B	
Currency Conversion Rates CC Charges in Dest.Currency		Executed on(date)at(place)Signature of lssuing Carrier or its Agent
33A	33B	
For Carrier's Use only at Destination 33	Charges at Destination 33C	Total Collect Charges 33D

2. 进口货物代理交接单

表 9-18

本页小计　件数＿＿＿＿＿＿＿＿　　重量＿＿＿＿＿＿＿＿

累计　　货物票数＿＿＿＿＿＿　　记录数＿＿＿＿＿＿

CHINA CARGO AIR
国际进口货物　代理交接单

代理：＿＿＿＿＿＿＿＿＿＿＿＿　　航班日期：＿＿＿＿＿＿＿＿＿

运单号	件数	重量	特殊货	联程	不正常货物	航班号	仓库	分批

航空公司：＿＿＿＿＿＿＿　　地面代理公司：＿＿＿＿＿＿＿　　货代公司：＿＿＿＿＿＿＿

3. 到货通知书

表 9-19　　　　　　　　　国际货运有限公司
　　　　　　　　　　　　国际空运货运到货通知书

致＿＿＿＿＿＿＿＿＿＿＿＿＿＿＿＿　　　　　　　　查询编号＿＿＿＿＿＿＿＿＿

兹有贵单位下列空运进口货物已于＿＿＿＿＿年＿＿＿＿＿月＿＿＿＿＿日运抵上海,总运单号＿＿＿＿＿＿＿＿

分运单号＿＿＿＿＿件数＿＿＿＿＿重量＿＿＿＿＿到付运费及手续费＿＿＿＿＿。

请带合同、安放票等报关所需文件,前往我司机场办公室办理海关和提货手续。

接待时间：09:00—11:30　13:00—16:30

提货时间：09:00—11:30　13:00—17:30

本公司自货物到达之日起免费保管 3 天(外地 5 天),逾期我公司将收取保管费每天每千克 RMB ＿＿＿＿＿＿元,10 天后保管费用加倍计收;冷藏品、危险品、贵重品无免费保管期,仓储费率按 RMB ＿＿＿＿＿＿元/千克/天计收,7 天以后加倍,到付运费须在提货前付清。

自货物到达上海 14 天后未办理海关手续和逾期 3 个月未提货的,我司将根据"中华人民共和国海关法"第十八条和第二十一条处理。

为了方便客户,本公司设有代理报检、代理报关和送货上门等服务项目,如委托我司办理上述业务,请填写委托书与本公司进口部联系。联系方式如下：

机场办公室：

提货仓库地址：

以上货物完好无损,已提取,此据。

　　　　　　　　　　　　　　　　　　　　　　提货单位盖章签字：＿＿＿＿＿＿＿＿＿

　　　　　　　　　　　　　　　　　　　　　　　　　　国际货运有限公司

　　　　　　　　　　　　　　　　　　　　　＿＿＿＿＿年＿＿＿＿月＿＿＿＿日

注：提货前请在本通知书上盖单位公章

如需国定节假日提货,请事先联系

4. 入境货物报检单

表 9-20　　　　　　　　　　中华人民共和国出入境检验检疫
入境货物报检单

报检单位(加盖公章):　　　　　　　　　　　　　　　　编　　号:＿＿＿＿＿＿

报验日期:＿＿年＿＿月＿＿日

报检单位登记号:　　　　　　　联系人:　　　　　电话:

发货人	(中文)					
	(外文)					
收货人	(中文)					
	(外文)					
货物名称(中/外文)	H.S.编码	产地	数/重量	货物总值	包装种类及数量
运输工具名称号码		贸易方式		货物存放地点	
合同号		信用证号		用途	
到货日期					
启运地					
集装箱规格、数量及号码					
合同、信用证订立的检验检疫条款或特殊要求		标记及号码		随附单据(划"√"或补填)	

需要证单名称(划"√"或补填)		检验检疫费	
品质证书 重量证书 兽医卫生证书 健康证书 卫生证书 动物卫生证书	植物检疫证书	总金额 (人民币)	
		计费人	
		收费人	
报检人郑重声明: 1. 本人被授权报检。 2. 上列填写内容正确属实,货物无伪造或冒用他人的厂名、标志、认证标志,并承担货物质量责任。 　　　　　　　　　签名:＿＿＿＿＿		领　取　证　单	
		日　期	
		签　名	

5. 进口货物报关单

表 9-21

中华人民共和国进口货物报关单

预录入编号：　　　　　　　　　　　　　　　　　　　　海关编号：SH0328446451

进口口岸		备案号		进口日期	申报日期
经营单位		运输方式	运输工具名称		提运单号
收货单位		贸易方式	征免性质		征税比例
许可证号		起运国(地区)	装货港		境内目的地 唐山
批准文号		成交方式	运费	保费	杂费
合同协议号		件数	包装种类	毛重(千克)	净重(千克)
集装箱号		随附单据		用途	

标记唛码和备注

项号	商品编号	商品名称、规格型号	数量及单位	原产国(地区)	单价	总价	币制	征免

税费征收情况

录入员　　录入单位	兹声明以上申报无讹并承担法律责任	海关审单批注及放行日期(签章)	
报关员 单位地址	申报单位(签章)	征税　　　　审价	
邮编　　电话　　填制日期		查验　　　　放行	

6. 运输事故记录

表 9-22　　　　　　　　　　货运航空公司

运输事故记录
Cargo Damage Report

运单号 AWB No.		件数 Pieces/Weight	品名 Nature of goods
航班日期 light/Date		始发站 Station of origin	卸机站 Station of unloading
板箱号 ULD No.		发现破损时段 Damage discovered when □卸机时 Unloading □交付时 On delivery □中转时 Transferring □其他 Other	
破损件数 Damaged pieces			
重新称重 Rechecked weight			

外包装材料 Packing	外包装状况 Damage to packing	内物情况 Condition of contents	货物类别 Classification
□瓦楞纸箱 Cartons □木箱 Wooden box □木桶 Wooden drum □木笼 Wooden crate □金属 Metal drum □金属箱 Metal box □塑料箱 Plastic box □塑料袋 Plastic bag □行李 Luggage bag □捆 Bundle □卷 Roll □其他 Others	□撕开 Torn □戳破 Punctured □破碎 Broken □水湿/受潮 Wet □刮破 Scratched □开封 Seam open □沾污 Soiled □变形 Bumped □封带松 Loose □倒置 Inversion □无破损 Normal □其他 Others	□无异常完好 In good conditon □破碎 Broken □渗漏 Leaking □凹陷 Pressed in □受浸泡 Wet □受压变形 Squashed □沾污 Soiled □短少　　　　件 　Missing　　　pcs □其他 Others	□普货 General cargo □贵重货 Valuable goods □危险品 Dangerous goods □外交邮袋 Diplomatic bag □冷冻品 Iced cargo □活动物 Live animal □鲜货 Perishable cargo □作为货物运输行李 　Baggage as cargo □其他 Others

备注(破损状况描述,装运标记等)
Remarks(Description of damagem, marks of damaged parcels, etc.)

运单号 AWB No.		件数 Pieces/Weight	品名 Nature of goods

此记录只作为承运人与货主之间对货物运输事故的证明和以后处理的依据,不涉及对责任的确认,所有交易以合同条件为准。

This report is used only as evidence of damage and is issued without prejudice against any party. No liability of any nature is implied. All transactions are subject to Condition of Contract.